EINLEITUNG

IN DAS STUDIUM

DER

ARABISCHEN GRAMMATIKER.

Die Ajrūmiyyah

des

Muhammad bin Daūd.

Arabischer Text mit Uebersezung und Erläuterungen

von

Ernst Trumpp.

München 1876.
Verlag der K. Akademie.
In Commission bei G. Franz.

Vorrede.

Ich habe nur wenige Worte über die Beweggründe
voranzuschicken, die mich veranlassten, dieses bekannte
Compendium über die arabische Syntax aufs neue mit
Uebersezung und erläuternden Anmerkungen herauszugeben.

Es wird immer mehr eingesehen, wie wichtig es für
die arabischen Studien ist, auf die arabischen National-
Grammatiker selbst, die mit so viel Scharfsinn ihre Mutter-
sprache der minutiösesten Untersuchung unterzogen haben,
zurückzugreifen, da wir von ihnen noch vieles zu lernen
haben. Wir stimmen daher ganz den Worten Dieterici's
bei, dass „wer nicht eine Zeit lang an dieser zähen Speise
nagt, schwerlich je zu einer genaueren Kenntniss der
arabischen Sprache kommt".

Die ersten bahnbrechenden Arbeiten verdanken wir
dem Fleisse und Scharfsinne De Sacy's, der zum ersten
Male die Methode und die grammatische Terminologie der
arabischen Grammatiker uns aufgeschlossen hat. Seither
ist in dieser Richtung mancher bedeutende Fortschritt
gemacht worden, besonders durch Herausgabe von grösseren
grammatischen Werken, wie die der Alfiyyah (nebst Uebersezung) durch Dieterici und das Mufassal durch Broch.

Für den Anfänger jedoch ist es schwierig sich gleich an das Studium grösserer grammatischer Compendien zu machen, da einestheils die ganze Methode der arabischen Grammatiker zu sehr von der uns geläufigen abweicht, anderntheils auch die grammatischen Kunstausdrücke ein bedeutendes Hinderniss in den Weg legen.

De Sacy's arabische Grammatik war bis jezt die einzige Quelle, aus welcher eine Kenntniss der termini technici geschöpft werden konnte. Dieses Werk jedoch ist nach und nach so selten geworden, dass es fast nicht mehr zu erlangen ist, auch scheint wenig Hoffnung vorhanden zu sein, dass es wieder aufgelegt werde.

Um diesem Uebelstande wenigstens einigermassen abzuhelfen, entschloss ich mich, dieses Compendium, für dessen Brauchbarkeit schon der Umstand spricht, dass es noch jezt fast in der ganzen muhammedanischen Welt als Einleitung in das grammatische Studium benüzt wird, für unsere Bedürfnisse einzurichten. Der Anfänger wird dadurch in den Stand gesezt werden, sich in der Methode der arabischen Grammatiker zu orientiren und sich mit den hauptsächlichsten Kunstausdrücken bekannt zu machen, so dass er, so vorbereitet, ohne grosse Schwierigkeit an das Studium grösserer grammatischer Werke wird herantreten können.

Um die grammatischen Materien recht hervorzuheben, schien mir die Bairüter Ausgabe die katechetische Form mit Nuzen angewendet zu haben. Ich habe daher diese Form beibehalten, von ihren Erweiterungen jedoch nur so viel aufgenommen, als mir dem Bedürfniss zu entsprechen

schien. Alle diese Zusäze sind in Klammern gesezt, um
sie vom ursprünglichen Texte zu unterscheiden; dass die
Fragen selbst ebenfalls nicht zum Texte gehören, bedarf
keiner besonderen Bemerkung.

Der Verfasser dieser kleinen Schrift, der Imām Mu-
h'ammad bin Daūd († 1324 p. Chr.), der zu dem Stamme
صَنْهاج gehörte, trägt den Beinamen Al-ajurrūmī oder
ibn ajurrūm, was in der Sprache der Berber فقير oder
صوفی bedeuten soll (Bresnier, p. 46). Von diesem hat das
Büchlein den Namen الاجرومية erhalten, der jedoch jezt
(in Syrien und Aegypten) allgemein Ajrūmiyyah ausgesprochen wird; wir haben ihn daher in der Umschrift
ebenfalls so gegeben.

Abgesehen von den früheren Ausgaben dieses Werkchens
(z. B. der römischen, der von Erpenius und Bresnier) haben
wir besonders den Commentar von Xālid bin ?Abd-ullah
al-azharī benüzt, den wir unter dem Namen Azharī an-
führen.

Wir hoffen und wünschen, dass auch diese neue Ausgabe, welche wir der Liberalität der k. bayer. Academie der
Wissenschaften verdanken und welche von der academischen
Buchdruckerei hier mit Eleganz ausgeführt worden ist,
einigen Nuzen schaffen möge!

München, im. März 1876.

E. Trumpp.

Uebersicht des Inhaltes.

**

Druckfehler und Verbesserungen.

	Statt	Lese
S 1. L. 2	السيح	الشيح

S. 10, L. 19: streiche „mit Rücksicht etc." bis zum Schluss, und füge
bei: weil die Flexionslosigkeit in Folge eines عَامِل (hier
لَمْ) stattfindet Denn als flexionslos wird nur das betrachtet, was (endige es auf einen Vocal oder Sukūn) nicht
erst durch einen عَامِل dazu gemacht wird. Cf. Muṭarrizī,
De Sacy, Anthol. gram S. 95, L 2 v. u.

	Statt	Lese
S. 15. L. 1 v u.	نَحُو	نَحَو
S. 16 L. 1. 2.	نَحُو	نَحَو
S. 25. L. 4. v. u.	نَحُو	نَحَو
S. 34. L. 15	بَارِزُ	بَارِزْ
S. 34. Anm.	احرف مضارعة	أَحْرُفُ ٱلْمُضَارَعَةِ
S. 46. Anm. *), L. 4	قَوْلُهُ	قَوْلِهِ
S. 74. L 2.	نَحُو	نَحَو
S 78. L. 2.	Partikel	Partikeln.

بِسْمِ ٱللَّهِ ٱلرَّحْمَٰنِ ٱلرَّحِيمِ *

قَالَ ٱلسَّيْخُ ٱلْإِمَامُ ٱلنَّحْوِىُّ أَبُو عَبْدِ ٱللَّهِ مُحَمَّدُ بْنُ دَاوُودَ

ٱلصَّنْهَاجِىُّ ٱلْآجُرُّومِىُّ

بَابُ ٱلْكَلَامِ

I. Capitel.

Vom Saz.

1. سُؤَالٌ . مَا هُوَ ٱلْكَلَامُ

„Was ist der Saz?"

جَوَابٌ . ٱلْكَلَامُ هُوَ ٱللَّفْظُ ٱلْمُرَكَّبُ ٱلْمُفِيدُ بِٱلْوَضْعِ (*

„Der Saz ist der zusammengesetzte Ausdruck, der
durch seine Bildung einen (vollständigen) Sinn gibt."

كَلَامٌ, im grammatischen Gebrauch, die Rede, der
Saz, der einen in sich abgeschlossenen Sinn hat. لَفْظٌ,

---

*) Azharī erklärt بِٱلْوَضْعِ durch den Zusatz: ٱلْعَرَبِىِّ (also:
arabische Wortbildung). Doch fügt er hinzu, dass die meisten Aus-
leger hier ٱلوضع durch ٱلقصد (die Intention) erklären.

1

Ausdruck im allgemeinen; مُفِيدْ, wörtlich: einen Nuzen (im Reden) gebend, gleich: einen vollständigen Sinn enthaltend. Jeder Saz ist nach der Anschauung der arabischen Grammatiker ein **zusammengesezter Ausdruck**; denn er besteht (nach Ibn ᵊAqîl's Com. zur Alfiyyah V. 8 und 9) entweder aus zwei **Nominibus**, wie: زَيْدٌ قَائِمٌ, Zaid (ist) stehend, oder aus einem **Verbum und Nomen**, wie: قَامَ زَيْدٌ, Zaid stand, oder aus einem **Verbum**, (in welchem nach den arabischen Grammatikern das فَاعِلْ oder **Activsubject verborgen** [مُسْتَتِرْ] sein kann), wie: اِسْتَقِمْ, stehe aufrecht!

2. س . إِنْ كَانَ ٱلْكَلَامُ مُرَكَّبًا فَلَا بُدَّ لَهُ مِنْ أَجْزَآءَ يَتَرَكَّبُ مِنْهَا فَأَخْبِرْنِى مَا هِىَ أَجْزَآءُ ٱلْكَلَامِ.

„Wenn der Saz zusammengesetzt ist, so hat er nothwendigerweise Theile, aus denen er zusammengesetzt wird. So lass mich denn wissen, was die Theile des Sazes sind?"

ج . أَقْسَامُ الكَلامِ ثَلَثَةٌ ٱسْمٌ [مِثْلُ زَيْدٍ وَرَجُلٍ] وفِعْلٌ [مِثْلُ ضَرَبَ وَيَضْرِبُ وِاضْرِبْ] وَحَرْفٌ جَآءَ لِمَعْنًى [مِثْلُ هَلْ وفِى وَلَمْ]

„Die Theile des Sazes sind drei: **Nomen** [wie Zaid und Mann], **Verbum** [wie: er hat geschlagen, und: er wird schlagen, und: schlage!] und **Partikel**, die zu einem (bestimmten) Sinne dient [wie: هَلْ, ob? فِى, in, und لَمْ, nicht]."

Dies ist die gewöhnliche Eintheilung der arabischen Saztheile, wobei sich von selbst versteht, dass nicht alle drei nothwendigerweise in einem Saze vorkommen müssen. Unter اِسْم wird das Nomen, i. e. Nom. proprium, Substantiv und Adjectiv (= مُظْهَر, deutliches, offenbares Nomen), das Fürwort (= مُضْمَر im Sinne behaltenes Nomen) u. die Demonstrativa (= مُبْهَم, vages Nomen) begriffen. حَرْف wird hier durch den Beisaz: جَآءَ لِمَعْنًى näher als Partikel definirt (zum Unterschied von den حُرُوفِ ٱلْهِجَآء oder Buchstaben des Alphabets`); die Partikel wird desshalb oft kurzweg حَرْف مَعْنًى genannt*). Unter den Partikeln begreifen die arabischen Grammatiker den Artikel (wegen seiner Undeclinirbarkeit), die Praepositionen, die (eigentlichen) Adverbien, die Conjunctionen und die Interjectionen.

3. س . بِمَاذَا يُعْرَفُ ٱلْاِسْمُ وَيَتَمَيَّزُ عَنِ ٱلْفِعْلِ وَٱلْحَرْفِ

„Durch was wird das Nomen erkannt und vom Verbum und der Partikel unterschieden?"

ج . ٱلْاِسْمُ يُعْرَفُ بِٱلْخَفْضِ [كَقَوْلِكَ مَرَرْتُ بِٱلرَّجُلِ] وَٱلتَّنْوِينِ [كَقَوْلِكَ زَيْدٌ وَرَجُلٌ وَمُؤْمِنَاتٌ] وَدُخُولِ ٱلْاَلِفِ وَٱللَّامِ عَلَيْهِ [كَقَوْلِكَ ٱلرَّجُلُ] وَ حُرُوفِ ٱلْخَفْضِ وَهِىَ مِنْ وَإِلَى وَعَنْ

---

*) Sîbawaihi gebraucht ganz denselben Ausdruck: حَرْف جَآءَ لِمَعْنًى; cf. De Sacy, Anthol. gram. p. 152, L. 2 (und p. 385).

وَعَلَى وَفِى وَرُبَّ وَٱلْبَآءَ وَٱلْكَافُ وَٱللَّامُ وَحُرُوفِ ٱلْقَسَمِ وَهِىَ
ٱلْوَاوُ وَٱلْبَآءُ وَٱلتَّآءُ [كَقَوْلِكَ مِنَ ٱلْبَيْتِ وَعَنْ زَيْدٍ وَٱلنَّتِيجَةُ
أَنَّ كُلَّ كَلِمَةٍ قَبِلَتْ إِحْدَى هَذِهِ ٱلْعَلَامَاتِ عُرِفَتْ أَنَّهَا ٱسْمٌ]

„Das Nomen erkennt man durch den Genetiv [wie
du sagst: ich bin an dem Manne vorübergegangen], das
Tanvīn [wie du sagst: Zaid, ein Mann, gläubige Frauen]
und das Vortreten des Artikels [wie du sagst: der
Mann] und die Partikeln des Genetivs, diese sind:
مِن von, إِلَى zu — hin, عَن von - weg, عَلَى auf, über, فِ
in, und رُبَّ manchmal, und das ب (بِ, in, durch) und
ك (كَ, wie) und das ل (لِ, zu), und die Partikeln des
Schwures, diese sind das وَ und das بِ und das تَ*)[wie
du sagst: von dem Hause, und: von Zaid weg; kurz, irgend
ein Wort, das eines dieser Zeichen annimmt, wird als ein
Nomen erkannt].“

Das Arabische unterscheidet nur drei Casus, den
Nominativ (رَفْع), den Accusativ (نَصْب) und den
Genetiv (خَفْض oder جَرّ), der als obliquer Casus zugleich
von den Praepositionen und Schwurpartikeln regiert wird.
Das Nomen erkennt man also daran, dass es flectirbar
(مُعْرَب) ist, was (bei der starken Declination) auch noch

---

*) Einige Praepositionen sind hier übergangen, wie: حَتَّى bis
zu, مُنْذُ und مُذْ, von — an, seit, لَدُنْ, لَدَا, لَدَى, bei (penes),
cf. § 82.

durch das Tanvin zum Ausdruck gebracht wird, das zugleich, ohne den Artikel, die Indetermination, und mit dem Artikel, die Determination eines Nomens bezeichnet.

4. س . بِمَاذَا يُعْرَفُ ٱلْفِعْلُ

„Durch was wird das Zeitwort erkannt?"

ج . ٱلْفِعْلُ يُعْرَفُ بِقَدْ [نَحْوَ قَدْ قَامَ وَقَدْ يَقُومُ] وَٱلسِّين وَسَوْفَ [نَحْوَ سَيَضْرِبُ و سَوْفَ يَضْرِبُ] وَتَآء ٱلتَّأْنِيثِ ٱلسَّاكِنَة [نَحْوَ قَامَتْ وَقَالَتْ]

„Das Zeitwort wird erkannt (durch Vorsetzung von) قَدْ [wie: er war gestanden und: manchmal steht er] und von س und سَوْفَ [wie: er wird schlagen] und durch das ruhende ت des Femininums [wie: قَامَتْ, sie stund, قَالَتْ, sie sagte]."

قَدْ kann, im strengen Sinn, nicht ein Unterscheidungszeichen des Zeitworts genannt werden, da es auch vor Nomina treten kann (s. De Sacy, I, p. 534)*), noch سَوْفَ, da es nicht absolut unmittelbar vor einem Zeitworte stehen muss (obschon dies die Regel ist), wie س . **) Die

---

*) Dieses قَدْ wird قَدْ ٱلاِسْمِيَّةُ (das nominale قَدْ) genannt, wie: قَدْ زَيْدٍ دِرْهَمٌ, ein Dirham genügt für Zaid.

**) س und سَوْفَ werden حُرُوفُ تَنْفِيسٍ, Partikeln der Erweiterung genannt, weil sie das Imperfect in das Futurum verwandeln.

Alfiyyah erwähnt قَد, سَ und سَوْفَ nicht als Unterscheidungszeichen des Verbums, wohl aber das ruhende ت
des Femininums (V. 11), weil diese Partikeln zwar vor
dem Verbum stehen können, aber nicht müssen.

5. س. بِمَاذَا يُعْرَفُ ٱلْحَرْفُ

„Durch was wird die Partikel erkannt?"

ج. ٱلْحَرْفُ مَا لَا يَصْلُحُ مَعَهُ دَلِيلُ ٱلِٱسْمِ وَلَا دَلِيلُ ٱلْفِعْلِ

„Die Partikel ist das, worauf weder das Merkmal
des Nomens noch das Merkmal des Zeitwortes passt."

Die Bairūter Ausgabe ist hier etwas breit und weicht
vom Grundtext zu viel ab, so dass wir ihre umschreibende
Definition der Partikel nicht mit demselben haben ver-
einigen können. Sie hat die Worte: ٱلْحَرْفُ يُعْرَفُ بِعَدَم

صَلَاحِيَتِهِ لِشَىْءٍ مِن عَلَامَاتِ ٱلِٱسْمِ وَ عَلَامَاتِ ٱلْفِعْلِ فَيَكُونُ
عَدَمُ ٱلْعَلَامَةِ لَهُ عَلَامَةً نَحْوَ هَلْ وَ فِى وَلَمْ فَإِنَّهَا لَا تَقْبَلُ شَيْئًا
مِن عَلَامَاتِ ٱلِٱسْمِ ولا مِن عَلَامَاتِ ٱلْفِعْلِ وبذلك تُعْرَفُ
أَنَّهَا حُرُوفٌ

„Die Partikel wird daran erkannt, dass sie mit keinem
der Merkmale des Nomens noch der Merkmale des Zeitworts übereinkommt. Der Mangel des (Nominal- und
Verbal-)Merkmales wird ihr also zum Unterscheidungszeichen, wie: هَلْ, ob, فِى, in, لَمْ, nicht; denn diese
nehmen nichts von den Merkmalen des Nomens noch von
den Merkmalen des Zeitwortes an und daran werden sie
als Partikeln erkannt." Auch Ibn ʾAqîl gibt in seinem

Commentar zur Alfiyyah V. 12. 13 nur eine n e g a t i v e
Definition der Partikel fast mit denselben Worten. Za-
maχšarī definirt die Partikel: الْحَرْفُ هُوَ مَا دَلَّ عَلَى

مَعْنًى فِى غَيْرِهِ „Die Partikel ist das, was auf einen Sinn
in etwas ausser ihr liegendem hinweist", d. h. die Partikel
erhält erst einen Sinn durch Verbindung mit einem andern
Worte (De Sacy, Anthol. gram. arab. p. 99).

بَابُ ٱلْإِعْرَابِ

II. Capitel.

Von der Flexion.

6. س. مَا هُوَ ٱلْإِعْرَابُ

„Was ist die Flexion?"

ج. ٱلْإِعْرَابُ هُوَ تَغْيِيرُ أَوَاخِرِ ٱلْكَلِمِ لِٱخْتِلَافِ ٱلْعَوَامِلِ
ٱلدَّاخِلَةِ عَلَيْهَا لَفْظًا أَوْ تَقْدِيرًا

„Die Flexion ist die Abwandlung der Endungen der
Worte, nach der Verschiedenheit der (grammatischen) Rec-
toren, die denselben vortreten, d e m W o r t e nach oder
(bloss) g e d a c h t."

Die Flexion wird im Arabischen auch dem Verb (im
مُضَارِع) zugesprochen, wie wir gleich sehen werden. Die
Abwandlung der Endungen kann eine a u s d r ü c k l i c h e
sein (لَفْظًا) oder nur g e d a c h t (تَقْدِيرًا), wenn das Wort
nur ·Eine Endung hat. Die Bairūter Ausgabe fügt daher

noch folgende Erklärung hinzu: هَذَا ٱلتَّغْيِيرُ ٱللَّاحِقُ

أَوَاخِرَ ٱلْكَلِمِ قَدْ يَكُونُ لَفْظًا كَقَوْلِكَ جَاءَ زَيْدٌ وَرَأَيْتُ زَيْدًا

وَمَرَرْتُ بِزَيْدٍ وَقَدْ يَكُونُ تَقْدِيرًا كَقَوْلِكَ جَاءَ ٱلْفَتَى وَرَأَيْتُ

ٱلْفَتَى وَمَرَرْتُ بِٱلْفَتَى فَإِنَّ ٱلتَّغْيِيرَ ٱلَّذِى فِى أَخِرِ زَيْدٍ ظَاهِرٌ

مَلْفُوظٌ وَٱلتَّغْيِيرُ ٱلَّذِى فِى أَخِرِ ٱلْفَتَى مُقَدَّرٌ مَعْنَوِىٌّ

„Diese Veränderung, welche sich an die Endungen der Wörter hängt, findet manchmal dem Ausdrucke nach statt, wie du sagst: Zaid (زَيْدٌ Nomin.) ist gekommen, und: ich habe den Zaid (زَيْدًا Accus.) gesehen, und: ich bin an Zaid (زَيْدٍ Genetiv oder obliquer Casus) vorübergegangen. Und manchmal findet sie (nur) gedachterweise (óder dem Sinne nach) statt, wie: der Jüngling (ٱلْفَتَى) ist gekommen, und: ich habe den Jüngling (ٱلْفَتَى) gesehen, und: ich bin an dem Jüngling (ٱلْفَتَى) vorübergegangen: denn die Abwandlung, welche am Ende des Wortes زَيْدٌ stattfindet, ist offenbar und ausgesprochen, dagegen die Abwandlung am Ende des Wortes ٱلْفَتَى supponirt und (nur) dem Sinne nach.‟

٧. س. مَا هِىَ أَقْسَامُهُ

„Was sind die (einzelnen) Theile derselben?‟

ج. أَقْسَامُهُ أَرْبَعَةٌ رَفْعٌ وَنَصْبٌ وَخَفْضٌ وَجَزْمٌ

„Die (einzelnen) Theile derselben sind vier, der Nominativ, der Accusativ, der Genetiv und das Jazm."

Der Nominativ (رَفْعٌ, elevatio), der Accusativ (نَصْبٌ,
positio) und Genetiv (خَفْضٌ, depressio, obliquer Casus),
das Jazm (جَزْمٌ, die Abschneidung).

٨. س. هَلْ تَدْخُلُ هَذِهِ ٱلْأَقْسَامُ عَلَى حَدٍّ سِوًى فِي ٱلْأَسْمَآء
وَٱلْأَفْعَالِ وَٱلْحُرُوفِ

„Treten diese Theile gleichmässigerweise an die Nomina, die Verba und die Partikeln?"

ج. [كَلَّا] لِلْأَسْمَآء مِن ذَلِكَ ٱلرَّفْعُ وَٱلنَّصْبُ وَٱلْخَفْضُ
فَلَا جَزْمَ فِيهَا وَلِلْأَفْعَالِ مِن ذَلِكَ ٱلرَّفْعُ وَٱلنَّصْبُ وَٱلْجَزْمُ فَلَا
خَفْضَ فِيهَا [كَقَولِكَ زَيْدٌ يَضْرِبُ وَلَنْ أَضْرِبَ زَيْدًا وَلَمْ
أَذْهَبْ بِزَيْدٍ وَ أَمَّا ٱلْحُرُوفُ فَلَا يَدْخُلُهَا شَىْءٌ مِنَ ٱلْإِعْرَابِ
لِأَنَّهَا مَبْنِيَّةٌ]

[Keineswegs;] den Nominibus kommt davon zu der
Nominativ, der Accusativ und der Genetiv, mit
Ausschluss des Jazm, und den Verbis kommt davon zu
der Nominativ, Accusativ und das Jazm, mit Ausschluss des Genetivs [wie du sagst: Zaid (زَيْدٌ) schlägt
(يَضْرِبُ) und: ich werde gewiss den Zaid (زَيْدًا) nicht
schlagen (لَنْ أَضْرِبَ), und: ich habe den Zaid nicht weg-

geführt (لَمْ أَذْهَبْ); was aber die **Partikeln** betrifft, so
berührt sie die Flexion gar nicht, da sie flexionslos
sind*)]".

Die arabischen Grammatiker haben nicht ohne innere
Berechtigung die Flexion auch auf das مُضَارِع des Verbums übergetragen, so dass also die Form يَضْرِبُ als Nominativ und يَضْرِبَ als Accusativ aufgefasst wird. Diesen
beiden haben sie noch das جَزْم beigefügt (den Modus apo-
copatus wie يَضْرِبْ), von dem man freilich nicht recht
einsehen kann, wie es ein Theil der Flexion sein soll, da
es an sich **flexionslos** (مَبْنِيّ) ist. Nach Alfiyyah V. 21
(und dem Commentar des Ibn ꜥAqīl:

$$\text{وَأَنَّ ٱلْبِنَآءَ عَلَى ٱلْفَتْحِ أَوِ ٱلسُّكُونِ يَكُونُ فِي ٱلْاِسْمِ}$$

$$\text{وَٱلْفِعْلِ وَٱلْحَرْفِ}$$

„Die Flexionslosigkeit bei finalem a oder einem ruhenden
Buchstaben findet statt beim Nomen, Verbum und Partikel",
wird dies theilweise zugestanden (für das Perfect und den
Imperativ), aber nach V. 23 — 26 das Jazm doch der
Flexion beigezählt, mit Rücksicht auf die II. Pers. fem.
Sing., die III. Pers. masc. und fem. Dual. und die III. Pers.
masc. Plur. (cf. § 16.).

---

*) Dass in gewissen Fällen auch die Partikeln flectirt werden
können, s. De Sacy I, p. 394, Note 2.

بَابُ مَعْرِفَةِ عَلَامَاتِ ٱلْإِعْرَابِ

III. Capitel.

Von der Kenntniss der Zeichen der Flexion.

فَصْلٌ أَوَّلُ فِي عَلَامَاتِ ٱلرَّفْعِ

1) Von den Zeichen des Nominativs.

٩. س. مَا هِيَ عَلَامَاتُ الرَّفْعِ وَكَمْ هِيَ

„Was sind die Zeichen des Nominativs und wie viel
sind es?"

ج. لِلرَّفْعِ أَرْبَعُ عَلَامَاتٍ ٱلضَّمَّةُ وَالْوَاوُ وَٱلْأَلِفُ وَالنُّونُ

„Der Nominativ hat vier Kennzeichen, das Dammah,
das Vāv, das Alif und das Nūn."

١٠. س. فِى كَمْ مَوْضِعٍ تَكُونُ ٱلضَّمَّةُ عَلَامَةً لِلرَّفْعِ

„An wie wie viel Orten wird das Dammah zum Zeichen
des Nominativs?"

ج. فَأَمَّا الضَّمَّةُ فَتَكُونُ عَلَامَةً لِلرَّفْعِ فِى أَرْبَعَةِ مَوَاضِعَ
فِى ٱلِٱسْمِ ٱلْمُفْرَدِ [نحو جَاءَالرَّجُلُ] وَجَمْعِ التَّكْسِيرِ [نحو جَاءَتِ
ٱلرِّجَالُ] وَجَمْعِ ٱلْمُؤَنَّثِ ٱلسَّالِمِ [نحو جَاءَتِ ٱلْمُؤْمِنَاتُ] وَالْفِعْلِ
ٱلْمُضَارِعِ ٱلَّذِى لَمْ يَتَّصِلْ بِآخِرِهِ شَىْءٌ [يُوجِبُ بِنَاءَهُ مِثْلِ
يَضْرِبُ]

„Was das Dammah anbelaugt, so wird es ein Kennzeichen für den Nominativ an vier Orten: im Singularnomen [wie: der Mann (ar-rajul-u) ist gekommen], dem gebrochenen Plural [wie: die Männer (ar-rijāl-u) sind gekommen], in dem gesunden Plural des Femininums [wie: die gläubigen Frauen (al-mu'min-āt-u) sind gekommen] und dem Imperfect des Zeitworts, an dessen Ende nichts angefügt ist [was seine Unflectirbarkeit nöthig machen würde, z. B. يَضْرِبُ, er schlägt]."

Unter dem Imperfect des Zeitwortes, an dessen Ende nichts angehängt ist, wird der Singular des starken Zeitwortes verstanden, der hinten keinen Zusatz erhalten hat, denn nur dieser endigt sich auf u.

Ueber das Dammah als Zeichen des Nominativs siehe § 32.

١١. س. مَا هُوَ جَمْعُ ٱلتَّكْسِيرِ

„Was ist der gebrochene Plural?"

ج. [جَمْعُ التكسيرِ هو الجمعُ الَّذِى لَمْ يَسْلَمْ فِيهِ
بِنَآءُ مُفْرَدِهِ لَكِنَّهُ إِذَا جُمِعَ كُسِّرَ بِتَغْيِيرِ وَضْعِ حُرُوفِهِ كَرِجَالٍ
جَمْعُ رَجُلٍ فَإِنَّهُ لَمْ يَسْلَمْ فِيهِ بِنَآءُ مُفْرَدِهِ لِانَّ الالِفَ دخلت
بَيْنَ الجيمِ واللَّام فَكَسَّرَتْ بِنَآءَهُ ٱلْأَصْلِيَّ فَدُعِىَ جَمْعًا
مُكَسَّرًا]

[„Der gebrochene Plural ist der Plural, in welchem der Bau seines Singulars nicht unverletzt ist (oder bleibt), sondern wenn er in den Plural gesetzt wird, wird er durch Veränderung der Position seiner Consonanten gebrochen,

wie رِجَال, der Plural von رَجُل: denn der Bau seines Singulars ist darin nicht unverletzt, weil das Alif zwischen
das جِيم und das لَام tritt und so seinen ursprünglichen
Bau zerbricht; darum wird er gebrochener Plural genannt."]

Dies ist ein Zusatz der Bairūter Ausgabe. Die ge-
gebene Erklärung ist übrigens nicht ganz genau, denn
der gebrochene Plural kann auch durch blosse Vocal-
veränderung gebildet werden.

$$ \text{12. س . ما هُوَ ٱلْجَمْعُ ٱلسَّالِمُ} $$

„Was ist der gesunde (unverletzte) Plural?"

$$ \text{ج . [الجَمْعُ السَّالِمُ هو الجَمْعُ الَّذى سَلِمَ فيه بِنَاءُ} $$
$$ \text{مُفْرَدِهِ وَزِيدَ فى آخِرِهِ وَاوٌ وَنُونٌ كقولك فى زَيْدٍ زَيْدُونَ وفى} $$
$$ \text{مُؤْمِنٍ مُؤْمِنُونَ وما شَاكَلَ ذَلِكَ]} $$

[„Der gesunde (oder unverletzte) Plural ist der, in
welchem der Bau seines Singular unverletzt ist und an
dessen Ende ein Vāv und Nūn hinzugefügt wird, wie
du von زَيْد sagst (im Plural) زَيْدُونَ und von مُؤْمِن,
Pl. مُؤْمِنُون, und was dem ähnlich ist".]

Auch dies ist ein Zusatz der Bairūter Ausgabe.

$$ \text{13. س . الواوُ أَيْنَ تَكُونُ عَلَامَةً للرفع} $$

„Wo wird das Vāv ein Kennzeichen für den Nominativ?"

ح . واَمّا الواوُ فَتَكونُ عَلاَمةً لِلرفع فى مَوْضِعَيْن فى
جمع ٱلْمُذَكَّر السالِم [نحوِ جَآءَ ٱلْمُومِنُونَ] وفى ٱلْاَسْمَآءِ
ٱلْخَمْسَةِ وهى اَبُوكَ وَاَخُوكَ وَحَمُوكَ وفُوكَ وذُو مَالٍ [فَهَذِه
الاسمآءِ تُرْفَعُ بالواوِ نِيَابَةً عَنِ ٱلضَمَّةِ]

„Was das Vāv betrifft, so wird es zum Kennzeichen
des Nominativs an zwei Stellen, im gesunden Plural des
Masculinums [wie: die Gläubigen (مومِنُونَ) sind gekommen]
und in den fünf Nominibus, die da sind: اَبُوكَ, dein
Vater, اَخُوكَ dein Bruder, حَمُوكَ dein Schwiegervater, فُوكَ
dein Mund und ذُو مَالٍ Besitzer von Vermögen [denn diese
Nomina werden in den Nominativ gesetzt durch das Vāv
als Stellvertretung für das Ḏammah]".

Beim gesunden Pluralis der Masculina wird nur و
als Zeichen des Nominativ genannt, weil das Nūn der
Endung ū-na auch dem obliquen Casus (ī-na) gemeinschaftlich
ist und desshalb als der mehr unwesentliche Theil der
Endung erscheint (cf. 32). Bei den folgenden fünf Wörtern
ist zu beachten, dass و nur im Stat. constr. und vor Suf-
fixen im Nominativ erscheint, sind sie indeterminirt, so
sagt man اَبٌ etc. Die angeführte Declinationsweise der
fünf Nomina ist die gewöhnliche, neben der es aber auch
noch zwei andere gibt, nämlich mit finalem Alif durchaus
(wie اَبَاهُ, Nom., Acc. und Gen., und ohne alle schwache
Consonanten (Comment. zur Alfiyyah, V. 30). Die Alfiyyah

zählt auch مَنْ dazu, welches hier übergangen ist, weil es

meistens ohne و, ا und ى declinirt wird (النَقْصُ هو آلْأَشْهَرُ).

١٤. س . والالف فى أَيّ مَوْضِعٍ تكون علامةٌ للرفع

„An welchem Orte wird das Alif zum Kennzeichen des
Nominativs?"

ج . واَمّا الالفُ فتكون علامةً للرفعِ فى تَثْنِيَةِ آلْأَسْمَآءِ

خَاصَّةً [أَىْ لا تكون فى غَيْرِ هَذَا المَّوْضِعِ علامةً للرفعِ

وذلك نحْوُ جَآءَ الرجُلَانِ الفَاضِلَانِ]

„Was das Alif betrifft, so wird es speciell zum Kennzeichen des Nominativs im Du al der Nomina [das heisst,
es wird nicht an einem andern Ort als an diesem zum
Kennzeichen des Nominativ, z. B.: es kamen die beiden
ausgezeichneten Männer]."

Von der Dualendung āni wird auch hier nur das ā als
Kennzeichen des Nominativs gefasst, weil -ni auch dem
obliquen Casus (ai-ni) zukommt und daher ausser Betracht
gelassen wird, weil es im Stat. constr. wieder abgeworfen
wird (also nicht speciell zur Casusbezeichnung dient). Aus
denselben Gründen verfährt der Verfasser gerade umgekehrt
im nachfolgenden.

١٥. س . اَلنُّونُ فى أَيّ مَوْضِعٍ تكون علامةً للرفع

„An welchem Ort wird das Nūn zum Kennzeichen des
Nominativs?"

ج . وَاَمّا النونُ فتكون عَلامةً للرفع فى الفِعْلِ

آلْمُضَارِعِ إِذَا اتّصَلَ بِهِ ضَمِيرُ تَثْنِيَةٍ [نحْوُ يَفْعَلَانِ وتَفْعَلَانِ]

اوْ ضَمِيرُ جَمْعٍ [نَحْوُ يَفْعَلُونَ وَتَفْعَلُونَ] اوْ ضَمِيرُ ٱلْمُؤَنَّثَةِ

ٱلْمُخَاطَبَةِ [نَحْوُ تَفْعَلِينَ فَإِنَّ هَذِهِ الاٰفْعَالَ لِٱتِّصَالِهَا بِهٰذِهِ

الضَّمَائِرِ تُرْفَعُ بِالنُّونِ]

„Das Nūn wird zum Kennzeichen des Nominativs im Imperfect (= مُضَارِعٌ), wenn damit verbunden ist ein Pronomen des Duals [wie: yaf-ʔalā-n-i, sie beide thun (m.), taf-ʔal-ā-n-i, sie beide thun (fem.), oder ein Pronomen des Plurals [wie: yaf-ʔal-ū-n-a (m.), sie thun, taf-ʔal-ū-n-a (m.), ihr thut], oder das Pronomen der zweiten Person des Femininums [wie: taf-ʔal-ī-n-a (fem.), du thust; denn diese Verba werden wegen ihrer Verbindung mit diesen Pronomina mit Nūn in den Nominativ gesetzt].“

Aehnlich die Alfiyyah V. 44. Es sind also im Ganzen 5 Verbalformen, die mit Nūn in den Nominativ gesetzt werden: 2 Dualformen, 2 Pluralformen und die II. Pers. Sing. fem. des Imperfects; der auslautende Vocal des Nūn (a, i) kommt dabei nicht in Betracht.

16. س. اخْبِرْنِى مَا هُوَ ضَمِيرُ ٱلتَّثْنِيَةِ وَضَمِيرُ الْجَمْعِ وَضَمِيرُ

الْمُؤَنَّثَةِ الْخُاطَبَةِ

„Sage mir, was das Pronomen des Duals und das Pronomen des Plurals und das Pronomen der zweiten Person des Femininums ist?“

ج. [إِنَّ ضَمِيرَ ٱلتَّثْنِيَةِ هُوَ الالِفُ فِى قولك يَفْعَلَانِ

وَتَفْعَلَانِ وَضميرُ الْجَمْعِ هُوَ الوَاوُ فِى قولك يَفْعَلُونَ وَتَفْعَلُونَ

وَضميرُ المؤنَّثَةِ الْخَاطَبَةِ هُوَ الْيَآءُ فِى قولك تَفْعَلِينَ]

[„Das Pronomen des Duals ist das Alif in deinem Wort: yaf-ʔal-ā-n-i und: taf-ʔal-ā-n-i, und das Pronomen des Plurals ist das Vāv in deinem Worte: yaf-ʔal-ū-n-a und: taf-ʔal-ū-n-a, und das Pronomen des Femininums der zweiten Person (Sing.) ist das Yā in deinem Worte: taf-ʔal-ī-n-a.“

Beim Verbum ist, nach der Darstellung der arabischen Grammatiker, das Pronomen entweder verborgen (مُسْتَتِرٌ oder مُسْتَكِنٌّ) wie in ضَرَبَ = ضَرَبَ هُوَ, oder offenbar (بَارِزٌ oder ظَاهِرٌ), wie in ضَرَبْتُ, wo das tu (ta, ti) als ein angehängtes Pronomen betrachtet wird (ضَمِيرٌ مُتَّصِلٌ § 40.) Ebenso wird نَا (I. Plur.) und و (III. Pl. m.) betrachtet. Die Endungen ◌َانِ, ◌َيْنَ und ◌ُونَ bestehen ebenso aus den Pronomina ى, ا und و und dem نِ der Inflexion, welches im Imperfect (Indic.) den Nominativ bezeichnet.

فَصْلٌ ثَانٍ فِى عَلَامَاتِ ٱلنَّصْبِ

2) Von den Zeichen des Accusativs.

١٧. س . اخبرنى ما هى عَلَامَاتُ النصبِ و كم هى

„Sage mir, was die Zeichen des Accusativs sind und wie viel deren sind?“

ج . للنصبِ خَمْسُ عَلَامَاتٍ ٱلْفَتْحَةُ وَٱلْأَلِفُ وَٱلْكَسْرَةُ وَٱلْيَآءُ وَحَذْفُ ٱلنُّونِ

„Der Accusativ hat fünf Zeichen, das Fathʿah, das Alif, das Kasrah, das Yā und die Auslassung des Nūn.“

2

18. س . فى كَمْ مَوْضِعٍ تَكُونُ الْفَتْحَةُ عَلامَةً للنصبِ

„An wie viel Orten ist das Fath'ah das Zeichen des
Accusativs?"

ج . فاما الْفَتْحَةُ فتكونُ علامةً للنصبِ فى ثَلَثَةِ مَوَاضِعَ
فى الاسمِ الْمُفْرَدِ [نحو رَأَيْتُ زَيْدًا و ضَرَبْتُ الرَّجُلَ] و جَمْعِ
التكسيرِ [نحو رَأَيْتُ الرِّجَالَ والْقَوَائِلَ] والفعلِ الْمُضَارِعِ إذَا
دخل عَلَيْهِ نَاصِبٌ وَلَمْ يَتَّصِلْ بآخِرِهِ شَىْءٌ [يُوجِبُ بِنَاءَهُ
كما تَقَدَّمَ تَقْرِيرُ ذلك نحو لَنْ يَضْرِبَ]

„Das Fath'ah ist das Zeichen des Accusativs an
drei Orten: im Nomen des Singularis [wie: ich habe
Zaid (zaid-aⁿ *) gesehen, und: ich habe den Mann (ar-
rajul-a) geschlagen], und im gebrochenen Plural [wie:
ich habe die Männer (ar-rijāl-a) gesehen und die Kara-
vānen (qavāfil-a)], und im Imperfect des Verbums,
wenn eine Partikel, die den Accusativ (= Subjunctiv) regiert, ihm vorangeht und hinten nichts hinzutritt [was
seine Undeclinirbarkeit verursacht, wie dies schon früher
bemerkt worden ist, wie: er wird gewiss nicht schlagen
(lan yadrib-a)]."

Vergleiche damit § 32.

19. س . والالفُ أَيْنَ تَكُونُ علامةً للنصبِ

„Wo wird das Alif das Zeichen des Accusativs?"

ج . واِمّا الالفُ فتكونُ علامةً للنصبِ فى الاسمآء

---

*) Die Endung ﺍ wird kurz gesprochen (ăn, nicht ān), da das
Alif hier nur Lesezeichen ist; es kommt daher nicht in Betracht.

الخَمْسَةِ [فَقَطْ] نحوِ رَأَيْتُ أَبَاكَ وَأَخَاكَ [وَحَمَاكَ وَفَاكَ
وَذَا مَالٍ

„Das Alif wird zum Zeichen des Accusativs [nur]
in den fünf Nominibus, wie: ich habe gesehen deinen
Vater (ab ā-ka) und deinen Bruder (aχ-ā-ka) [und deinen
Schwiegervater (h'am-ā-ka), und deinen Mund (f-ā-ka) und
einen Besitzer von Reichthum (đā māliⁿ)].“

٢٠. س. والكسرةُ فى أَيِّ مَوْضِعٍ تكون علامةً للنصبِ

„An welchem Orte wird das Kasrah zum Zeichen
des Accusativs?“

ج. واما الكسرةُ فتكون علامةً للنصبِ فى الجمع
المؤنثِ السالمِ [وهو ما جُمِعَ بالفِ وتآءٍ مَزِيدَتَيْنِ نحوَ
رَأَيْتُ المُؤْمِنَاتِ]

„Das Kasrah wird zum Zeichen des Accusativs im
gesunden Plural des Femininums [und das ist das, was
durch Alif und Tā, als zwei Incrementen, in den Plural
gesezt wird, wie: ich habe die gläubigen Weiber (al-
muʾmin-āt-i gesehen].“

٢١. س. واليآءُ أَيْنَ تكون علامةً للنصبِ

„Wo wird das Yā zum Zeichen des Accusativs?“

ج. واما اليآءُ فتكون علامةً للنصب فى التّثنيةِ
[نحوِ رَأَيْتُ الرَّجُلَيْنِ] وَالجَمْعِ [المذكّرِ السالمِ نحو رَأَيْتُ
المُؤْمِنِينَ

2*

„Das Yā wird zum Zeichen des Accusativs im Dual
[wie: ich habe die beiden Männer (ar-rajul-ai-ni) gesehen]
und im Plural [nämlich dem gesunden Plural des Masculinums, wie: ich habe die Gläubigen (al-mu'min-ī-na) ge-
sehen].“

Hier ist der Beisaz der Bairūter Ausgabe: المذكر
السالم wohl am Plaze um die Sache klar zu stellen, obschon aus dem vorangehenden erhellt, dass hier unter dem
Plural nichts anderes verstanden werden kann als der gesunde Plural des Masculinums. Beide, der Doppellaut ai
und der einfache Laut ī werden unter das yā (ى) subsumirt.

٢٢. فَأَخْبِرْنِى عَن حَذْفِ النون فِى اَىِّ موضعٍ يكون علامةً
للنصب

„Berichte mich nun von dem Auslassen des Nūn,
an welchem Orte es zum Zeichen des Accusativs wird?“

ج . واِمّا حَذْفُ النون فيكونُ علامةً للنصب فِى
الاَفعالِ الّتى رَفْعُهَا بِثَبَاتِ النون [وهى كُلُّ فِعْلٍ اَتَّصَلَ
بِهِ ضميرُ تَثْنِيَةٍ او ضميرُ جَمْعٍ او ضميرُ المونّثةِ الخَاطَبَةِ
كما تقدّم تقريرُ ذلك فهذه الافعالُ تُنْصَبُ بِحَذْفِ النون
الّتى كانت تُرْفَعُ بِهَا فتقولُ لَنْ يَفْعَلَا ولَنْ تَفْعَلَا ولَنْ
يَفْعَلُوا ولَنْ تَفْعَلُوا ولَنْ تَفْعَلِى]

„Die Auslassung des Nūn wird zum Zeichen des Accusativs in denjenigen Zeitwörtern, deren Nominativ durch
das Nūn gebildet wird (cf. 15). [Und das ist jedes Verbum,

mit dem sich ein Pronomen des Duals oder ein Pronomen des Plurals oder das Pronomen der zweiten Person des Femininums (Sing:) verbindet, wie schon bemerkt worden ist; diese Zeitwörter (oder vielmehr Formen des Zeitworts) werden also in den Accusativ (i. e. Subjunctiv) gesezt durch Abwerfung des Nūn, mit dem sie in den Nominativ gesezt wurden; du sagst also: sie beide werden gewiss nicht thun (lan yaf-ʔal-ā., m., und taf-ʔal-ā, f.), und: sie werden gewiss nicht thun (lan yaf-ʔal-ū, III. Plur. m), und: ihr werdet gewiss nicht thun (lan taf-ʔal-ū, m.) und: du wirst gewiss nicht thun (lan taf-ʔal-ī, fem.).''

فَصْلٌ ثَالِثٌ فى علاماتِ الخَفْض

3) Von den Zeichen des Genetivs.

٢٣. س. مَا هى علاماتُ الخَفْض وكم هى

„Was sind die Zeichen des Genetivs und wie viel sind ihrer?

ج. للخَفْض ثَلَاثُ علاماتٍ الكسرةُ واليَآءُ والفتحةُ

„Der Genetiv hat drei Zeichen: das Kasrah, das Yā und das Fath῾ah.''

٢٤. س. فى كم موضع تكونُ الكسرةُ علامةً للخَفْض

„An wie viel Orten wird das Kasrah das Zeichen des Genetivs?''

ج. فاما الكسرةُ فتكونُ علامةً للخَفْض فى ثَلَثَةِ مَواضِعَ فى الاسم المُفْرَدِ المُنْصَرِفِ [نحو مررتُ بزيدٍ] وجَمْعِ

التكسير المُنْصَرف [نحو مررتُ بالرجالِ] وجَمْعِ المؤنثِ
السَالِم [وقد مَرَّ تَعْرِيفُهُ نحو مررتُ بالمُؤمناتِ]

„Das Kasrah wird zum Zeichen des Genetivs an drei
Orten: im mit Tanvīn flectirten Nomen des Singulars [wie:
ich bin an Zaid (zaid-i") vorübergegangen] und dem mit
Tanvīn flectirten gebrochenen Plural [wie: ich bin an den
Männern (ar-rijāl-i) vorübergegangen] und dem gesunden
Plural des Femininums [dessen Definition schon voran-
gegangen ist, wie: ich bin an den gläubigen Weibern (al-
mu'min-āt-i) vorübergegangen]."

Die Worte, welche drei Endungen haben (die Triptota),
nennen die arabischen Grammatiker مُنْصَرف, (mit Tanvīn
flectirt) und diejenigen, welche nur zwei Endungen haben,
غَيْرُ مُنْصَرفٍ (ohne Tanvīn flectirt), oder مَمْنُوع (von der
Flexion mit Tanvīn abgehalten), i. e. Diptota. Siehe die
nähere Erklärung im folgenden.

25. س. اخبرنى ما مَعْنَى قولِك الاسمُ المفردُ المُنْصَرفُ
وجَمْعِ التكسيرِ المُنْصَرفِ فما هو الصَّرْفُ وهَلْ يُوجَدُ اسمٌ
غَيْرُ مُنْصَرفٍ

„Sage mir, was der Sinn deines Wortes ist: „Das mit
Tanvīn flectirte Nomen des Singularis und der mit Tanvīn
flectirte gebrochene Pluralis, was also die Flexion mit
Tanvīn ist und ob es ein ohne Tanvīn flectirtes Nomen
gibt?"

ج . [إِعْلَمْ أَنَّ الصَّرْفَ هُوَ التَّنوينُ اللَّاحِقُ آخِرَ
الاسْمآءِ وَدُعِى صَرْفًا لِأَنَّ الصَّوْتَ بِهِ يُشَابِهُ صَرِيفَ البابِ
أَىْ أَنِينَهُ والاسمُ المنصرفُ هُوَ الاسمُ المُتَمَكِّنُ فِى ٱلْآسْمِيَّةِ
الَّذِى يَدْخُلُهُ التنوينُ والجرُّ ايضًا . وامّا قَوْلُكَ هَلْ يُوجَدُ
ٱسْمٌ غَيْرُ مُنْصَرِفٍ فَيُوجَدُ وهو الاسمُ الَّذِى لا يدخلُهُ
التنوين ولا الجرُّ وسيأتِى بَيَانُهُ]

[„Wisse, dass das صَرْف das Tanvin ist, das sich an
das Ende der Wörter anhängt. Und es wird صَرْف genannt,
weil der dadurch hervorgebrachte Laut dem Knarren der
Thüre, d. h. ihrem Seufzen, gleicht. Und das mit Tanvin
flectirte Nomen ist das Nomen, das feststeht in seiner
Eigenschaft als Nomen, welches das Tanvin und auch den
Genetiv annimmt. Was aber dein Wort anbelangt, ob es
ein ohne Tanvin flectirtes Nomen gibt, so gibt es ein
solches und das ist das Nomen, welches das Tanvin und
den Genetiv nicht annimmt. Seine Erklärung wird nach-
folgen."]

Diese Erklärung von صَرْف durch Beziehung auf صريف
ist zu gesucht; sie weist auf die schon von H'arīrī gemachte
hin, cf. De Sacy, Gram. I, p. 397, Note 2. صَرْف ist die
Flexion des Nomens mit dem Tanvin.*) Die weitere Erklärung: الْمُتَمَكِّنُ فى الاسميّة, das feststeht in seiner

---

*) Vergleiche auch dazu die Bemerkung Fleischer's, Beiträge zur
arab. Sprachkunde IV, p. 94.

Eigenschaft als Nomen, grenzt das Nomen (als ein völlig flectirtes) ab gegen das unvollständig flectirte Imperfect der Zeitwörter und das ihm ähnliche Nomen; dasjenige, welches der Partikel gleicht, ist مَبْنِى. Diese Nomina werden gewöhnlich: مُتَمَكِّن أَمْكَن, „fest stehend, sehr fest stehend", genannt, während die Diptota مُتَمَكِّن غَيْر أَمْكَن, „fest stehend, nicht sehr fest stehend" genannt werden. (De Sacy, I, p. 398 *).)

مُتَمَكِّن, ohne Zusaz, begreift beide Classen in sich, sowohl das مُنْصَرِف als auch das غَيْر مُنْصَرِف (De Sacy, Anthol. Gram. p. 239). — De Sacy vocalisirt: مُتَمَكَّن, während der Qāmūs مُتَمَكِّن liest; das leztere ist allein richtig.

س. 26. اخبرنى عن اليَآء اين تكونُ علامةً للخَفْض

„Sage mir, wo das Yā Zeichen des Genetivs wird?"

ج. وامّا اليَآء فتكونُ علامةً للخَفْض فى ثَلَثَة مَوَاضِع فى الْأَسْمَآء ٱلْخَمْسَة [نحو مَرَرْتُ بِأَبِيكَ وَأَخِيكَ وَحَمِيكَ وَفِيكَ

---

*) De Sacy übersezt diese Kunstausdrücke durch: susceptibles de variations, très-susceptibles, und: susceptibles de variations mais non très-susceptibles. Die Bedeutung von مُتَمَكِّن ist jedoch „feststehend" und der Ausdruck ist elliptisch, nämlich wie im Texte angedeutet: مُتَمَكِّن فى ٱلْأَسْمِيَّة. Daher auch der grammatische Kunstausdruck: تَنْوِينُ ٱلتَّمْكِين, das Tanvīn der Befestigung, i. e. das Tanvīn, welches das Nomen als solches befestigt.

وَذِى مَالٍ] و التثنِيَة [نحو مررتُ بالرَّجُلَيْنِ] وجَمْعُ المذكرِ

السالِمِ [نحوِ مررتُ بالمومنِينَ]

„Das Yā wird zum Zeichen des Genetivs an drei Orten: in den fünf Nominibus [wie: ich bin vorüber gegangen an deinem Vater (ab-ī-ka), deinem Bruder (aχ-ī-ka), deinem Schwiegervater (h'am-ī-ka), deinem Mund (f-ī-ka) und dem Besitzer von Vermögen (ð-ī māl-iⁿ), und im Dual [wie: ich bin an den beiden Männern (ar-rajul-ai-ni) vorüber-gegangen] und im gesunden Plural des Masculinums, [wie: ich bin an den Glaubigen (al-mu'min-ī-na) vorüber-gegangen]."

Die Ajrūmiyyah der römischen Ausgabe und der von Bresnier hat bloss الجَمْعُ (في), es ist aber die Ergänzung der Bairūter Ausgabe zum richtigen Verständniss sehr zweckmässig. Da auch Azharī in seinem Commentar die Worte في جمع المذكر السالم hat, so ist wohl anzunehmen, dass sie ursprünglich im Texte gestanden haben und nur in der einen oder andern Handschrift ausgefallen sind.

27. س. فاحبرنى عن الفتحة اينَ تكونُ علامةً للخَفْضِ

„Sage mir, wo das Fath'ah das Zeichen des Genetivs wird?"

ج. واما الفتحةُ فتكونُ علامةً للخَفْضِ فى الاسمِ

اَلّذى لا يَنْصَرَفُ [نحو مررتُ بِإِبْرَهِيمَ]

„Das Fath'ah wird zum Zeichen des Genetivs in dem nicht mit Tanvīn flectirten Nomen [wie: ich bin an Ibra-hīm (ibrahīm-a) vorübergegangen]."

فَصْلٌ رَابِعٌ فِى عَلَامَاتِ ٱلْجَزْمِ

4) Von den Zeichen des Modus jazmatus.

28. س . ما هِى عَلَامَاتُ الْجَزْمِ وَكَمْ هِى

„Was sind die Zeichen des Jazm und wie viel sind ihrer?

ج لِلْجَزْمِ عَلَامَتَانِ ٱلسُّكُونُ وَالْحَذْفُ

„Das Jazm hat zwei Zeichen, das Sukūn und die Abschneidung.“

29. س . فِى أَيِّ مَوْضِعٍ يَكُونُ السُّكُونُ عَلَامَةً لِلْجَزْمِ

„An welchem Orte wird das Sukūn zum Zeichen des Jazm?“

ج . فَاما السُّكُونُ فَيَكُونُ عَلَامَةً لِلْجَزْمِ فِى الْفِعْلِ

المُضَارِعِ ٱلصَّحِيحِ ٱلْآخِرِ [نَحْوِ لَمْ يَضْرِبْ]

„Das Sukūn wird zum Zeichen des Jazm im Imperfect des Zeitwortes, das einen starken Endradical hat [wie: er schlug nicht].“

Ueber die Construction von الْعَصِيحِ ٱلْآخِرِ s. Ew. II, p. 26. صَحِيحٌ, g e s u n d, s t a r k (stark flectirt), im Gegen-saz zu مُعْتَلٌ, s c h w a c h (ein Verbum, das einen der حُرُوفُ الْعِلَّةِ, i. e. و und ى, zu denen auch das nicht hamzirte ا gehört, das aber hier nicht in Betracht kommt, enthält). Die Partikeln, welche den Modus jazmatus verlangen, werden unter § 37. 38 aufgezählt.

‫30. س . بَقِىَ لى أَنْ أَسَالَكَ عن الحَذفِ فاخبِرنى اوّلا‬

‫ما هو الحَذفُ‬

„Es bleibt mir noch übrig, dass ich dich wegen der Abschneidung frage; so lasse mich denn zuerst wissen, was die Abschneidung ist?"

‫ج . [اعلَمْ أَنَّ الحذفَ هو إمّا حَذفُ أَحَدِ حُروفِ‬
‫العِلّةِ من الفعلِ المضارع المُعْتَلِّ الآخِرِ وَإمّا حَذفُ النونِ‬
‫مِن الافعال التى رفعُها بِثُبُوتِ النونِ]‬

[„Wisse, dass die Abschneidung entweder die Abschneidung eines der schwachen Buchstaben vom Imperfect des Verbums ist, das einen schwachen Endradical hat, oder die Abschneidung des Nūn von denjenigen Zeitwörtern, deren Nominativ durch Nūn gebildet wird.]"

Zur ersten Classe des ‫حَذفٌ‬ gehören also Formen, wie: ‫يَغْزُ‬ (von ‫يَغْزُو‬) und ‫يَرْمِ‬ (von ‫يَرْمِى‬) etc., s. § 31. Zu bemerken ist übrigens hier, dass die Regel sich nur auf finales ‫و‬ und ‫ى‬ erstreckt, nicht auch auf finales hamzirtes Alif (Verba mit hamzirtem Alif sind starke Verba): denn man sagt hier im Modus jazmatus: ‫يَبْرُؤْ‬ (von ‫بَرُؤَ‬), ‫يَخْرَأْ‬ (von ‫خَرِئَ‬), ‫يَهْنِئْ‬ (von ‫هَنَأَ‬). Ueber die Abschneidung des Nūn s. § 15.

‫31. س . اخبِرنى اين يكون هذا الحَذفُ علامةً للجزم‬

„Sage mir, wo diese Abschneidung das Zeichen des Jazm wird?"

ج . وَأَمَّا الْحَذْفُ فَيَكُونُ عَلَامَةً لِلْجَزْمِ فِى الْفِعْلِ الْمُضَارِعِ

الْمُعْتَلِّ الْآخِرِ [فَإِنَّ عَلَامَةَ الْجَزْمِ فِيهِ حَذْفُ حَرْفِ الْعِلَّةِ مِنْ

آخِرِهِ نَحْوُ لَمْ يَغْزُ وَلَمْ يَخْشَ وَلَمْ يَرْمِ] وَفِى الْأَفْعَالِ الَّتِى

رَفْعُهَا بِثَبَاتِ النُّونِ

„Die Abschneidung wird zum Zeichen des Jazm im
Imperfect des Zeitworts, das einen schwachen Endradical
hat [denn das Zeichen des Jazm in demselben ist die Abschneidung des schwachen Buchstaben von seinem Ende,
wie: lam yaɣzu (er beabsichtigte nicht), lam yaɣša (er
fürchtete nicht), lam yarmi (er warf nicht)], und in den
Zeitwörtern, deren Nominativ durch Nūn gebildet wird.“

بَابُ ٱلْمُعْرَبَاتِ

IV. Capitel.

Von den flectirbaren Worten.

32. س . مَا هِىَ الْمُعْرَبَاتُ وَكَمْ هِىَ

„Was sind die flectirbaren Worte und wie viel sind
ihrer?

ج . الْمُعْرَبَاتُ قِسْمَانِ قِسْمٌ يُعْرَبُ بِٱلْحَرَكَاتِ وَقِسْمٌ

يُعْرَبُ بِٱلْحُرُوفِ فَالَّذِى يُعْرَبُ بِالْحَرَكَاتِ أَرْبَعَةُ أَنْوَاعٍ ٱلْآسْمُ

الْمُفْرَدُ [نَحْوُ جَآءَ زَيْدٌ وَرَأَيْتُ زَيْدًا وَمَرَرْتُ بِزَيْدٍ] وَجَمْعُ

التَّكْسِيرِ [نَحْوُ جَآءَتِ الرِّجَالُ وَرَأَيْتُ الرِّجَالَ وَمَرَرْتُ بِالرِّجَالِ]

وجمعُ المونَّثِ السالِمُ [نحو جَآءَتِ ٱلمومناتُ ورايتُ المرمناتِ

ومررتُ بالمومناتِ] والفعلُ المضارعُ الَّذى لَم يَتَّصلْ بآخرِهِ

شَىٌّ [نحو يَضْرِبُ ولَن يَضْرِبَ وَلَم يَضْرِبْ] وكُلُّها تُرْفَعُ

بالضَّمَّةِ وتُنْصَبُ بالفتحةِ وتُخْفَضُ بالكسرةِ وتُجْزَمُ بالسُّكونِ

[وهذا هو الاصلُ فى إعرابِها بالحركاتِ] وخَرَجَ عَن ذلك

ثَلثَةُ أَشيَآءَ

„Die flectirbaren Worte bestehen aus zwei Gattungen:
die eine Gattung wird durch Hilfe der Vocale flectirt
und die andere durch Hilfe der (schwachen) Consonanten
(cf. 13. 19. 26. 29). Dasjenige, welches durch Hilfe der
Vocale flectirt wird, besteht aus vier Arten: dem Nomen
des Singularis [wie Zaid kam, ich habe Zaid gesehen
und: ich bin an Zaid vorübergegangen], dem gebrochenen
Pluralis [wie: es kamen die Männer (ar-rijāl-u), ich habe
die Männer gesehen und: ich bin an den Männern vor-
übergegangen], dem gesunden Plural des Femininums [wie: es kamen die glaubigen Weiber (al-mu'minātu),
ich habe die glaubigen Weiber gesehen, und: ich bin an
den glaubigen Weibern vorübergegangen] und dem Imperfect des Verbums, an dessen Ende nichts
angehängt ist [wie: er schlägt yadrib-u), er wird
sicherlich nicht schlagen (lan yadrib-a) und: er schlug
nicht (lam yadrib)]. Sie alle werden in den Nominativ
gesezt durch Dammah, in den Accusativ durch Fath'ah, in
den Geneti? durch Kasrah und in den Modus jazmatus
durch Sukūn. [Und das ist die allgemeine Regel bei ihrer
Flexion durch Hilfe der Vocale]. Von dieser (Regel)
machen drei Dinge eine Ausnahme.“

Das IV. Capitel ist nur eine übersichtliche Recapitu-
lation des dritten. Das die eigentliche Flexion (إِعْرَابٌ)
constituirende sind nach der Auffassung der arabischen
Grammatiker die drei kurzen Vocale u, a, i, resp. u, a
(bei der Flexion ohne Tanvīn) und u, i (beim gesunden
Plural des Fem.), und die drei langen, (حروف genannt,
weil sie in der Reihe der Consonanten stehen) ū, ā, ī (wobei
der Doppellaut ai im Stat. constr. und dem obliquen Casus
des Duals unter das ī subsumirt wird). Die Nunation (das
eigentliche صَرْف) dient dazu, die vollständige Flexion
von der unvollständigen zu unterscheiden. Das n(-ni)
des Duals und Plurals (-na) wird nur als etwas acces-
sorisches angesehen, wohl darum, weil es im Stat. constr.
wieder abgeworfen wird, also nicht zum Wesen der Flexion
zu gehören scheint. cf. § 13. 14. 34.

33. س . ما هى هذه الثَلَثَةُ الاشياَء*) الَّتى خَرَجَتْ

عن الاصلِ

„Was sind die drei Dinge, die von der Grundregel
eine Ausnahme machen?"

ج . جمعُ المونثِ السالِمُ نُصِبَ بالكسرةِ و الاسمُ
الَّذى لا يَنْصَرفُ خُفِضَ بالفتحةِ و الفعلُ المضارع المعتَلُّ
الآخِرِ جُزمَ بحَذْفِ آخِرهِ

---

*) Die Bairûter Ausgabe vocalisirt hier الاَشْيَآء; dies ist jedoch
vulgär, es muss الاشيَآء heissen (nach Ew. II, p. 100).

„Der gesunde Plural des Femininums wird durch Kasrah in den Accusativ gesezt, und das ohne Tauvin flectirte Nomen wird durch Fath'ah in den Genetiv gesezt, und das Imperfect des am Ende schwachen Verbums wird durch Abschneidung seines Endradicals in den Modus jazmatus gesezt."

٣٤. س . قد عرفتَ ما يُعْرَبُ بالحركاتِ فأَعِدْ عَلَىّ تقريرَ

ما يُعْرَبُ بالحروفِ

„Du weisst nun, was durch die Hilfe der Vocale flectirt wird, so wiederhole mir die Aufzählung dessen, was durch die Hilfe der (schwachen) Consonanten flectirt wird?"

ج . اَلَّذى يُعْرَبُ بالحروفِ أَرْبَعَةُ أَنْوَاعٍ ايضا التثنِيةُ

وجَمْعُ المذكّرِ السالِمُ والاسمآءُ الخَمْسَةُ والافعالُ الخَمْسَةُ

وهى يَفْعَلَانِ وتَفْعَلَانِ ويَفْعَلُونَ وتَفْعَلُونَ وتَفْعَلِينَ فامّا

التثنِيةُ فَتُرْفَعُ بالالِف [نحوَ جآءَ الرّجُلَانِ] وتُنْصَبُ وتُخْفَضُ

بالِيآءِ نحوَ رايتُ الرجلَيْنِ ومررتُ بالرجلَيْنِ] وأمّا جَمْعُ

المذكّرِ السالِمُ فَيُرْفَعُ بالواوِ [نحوَ جآءَ المُومنُونَ] ويُنْصَبُ

ويُخْفَضُ بالِيآءِ [نحوَ رايتُ المومنِينَ ومررتُ بالمومنِينَ]

وأمّا الاسمآءُ الخَمْسَةُ فَتُرْفَعُ بالواوِ [نحوَ جآءَ أبُوكَ وأَخُوكَ]

وتُنْصَبُ بالالِف [نحوَ رايتُ أبَاكَ وأَخَاكَ] وتُخْفَضُ بالِيآءِ

[نحوَ مررتُ بِأَبِيكَ وأَخِيكَ] وامّا الافعالُ الخَمْسَةُ فَتُرْفَعُ

بِالنُّونِ [نَحْوَ يَفْعَلَانِ وِيَفْعَلُونَ وَتَفْعَلِينَ وِتُنْصَبُ وِتُجْزَمُ

بِحَذْفِهَا [نَحْوَ لَنْ يَفْعَلَا وِلَنْ يَفْعَلُوا وِلَمْ تَفْعَلِى

„Das, was durch Hilfe der (schwachen) Consonanten
flectirt wird, besteht ebenfalls aus vier Arten: dem Dual,
dem gesunden Plural des Masculinums, den fünf
(§ 13 erwähnten) Nominibus und den fünf Verbalformen, nämlich: yaf-ʔal-ā-ni und taf-ʔal-ā-ni, yaf-al-
ū-na und taf-ʔal-ūna und taf-ʔal-ī-na. Der Dual wird in
den Nominativ gesezt durch Alif [wie: die beiden Männer
(ar-rajul-ā-ni) kamen], in den Accusativ und Genetiv durch
Yā [wie: ich sah die beiden Männer (ar-rajul-ai-ni), ich
gieng an den beiden Männern (bi'r-rajul-ai-ni) vorüber].
Der gesunde Plural des Masculinums wird in den
Nominativ gesezt durch Vāv [wie: es kamen die Glaubigen
(al-muʔmin-ū-na), in den Accusativ und Genetiv durch Yā
[wie: ich sah die Glaubigen (al-muʔmin-ī-na) und: ich
gieng an den Glaubigen (bi'l-muʔmin-ī-na) vorüber]. Die
fünf Worte werden in den Nominativ gesézt durch Vāv
[wie: es kam dein Vater (ab-ū-ka) und dein Bruder (aχ-ū-
ka)], in den Accusativ durch Alif [wie: ich sah deinen
Vater (ab-ā-ka) und deinen Bruder (aχ-ā-ka)] und in den
Genetiv durch Yā [wie: ich gieng an deinem Vater (bi-
ab-ī-ka) und an deinem Bruder (bi-aχ-ī-ka) vorüber]. Die
fünf Verbalformen werden in den Nominativ gesezt durch
Nūn [wie: yaf-ʔal-āni, yaf-ʔal-ū-na und taf-ʔal-ī-na), in den
Accusativ und Modus jazmatus durch die Abschneidung
desselben [wie: sie beide werden sicherlich nicht thun (lan
yaf-ʔal-ā, Subjunct.), sie werden sicherlich nicht thun (lan
yaf-ʔal-ū, Subjunct.) und: du thatest nicht (lam taf-ʔal-ī,
Mod. jazm.)].

بَابُ ٱلْأَفْعَالِ

V. Capitel.

Von den Zeitwörtern.

35. س . قد عرفتَ الاسمَ وما يَتَعَلَّقُ بِهِ فَأَخبِرنى الآنَ
عن أَقْسَامِ الفعلِ وما يُخُصُّهُ من حَالَاتِ الاعرابِ

„Du hast das Nomen und was damit zusammenhängt,
kennen gelernt, so gib mir jezt Nachricht von den Classen
der Zeitwörter und was von den Zuständen der Flexion
ihnen eigenthümlich zukommt.‟

ج . الافعالُ ثَلَثَةٌ مَاضٍ [كَضَرَبَ] ومُضَارِعٌ [كَيَضْرِبُ]
وأَمْرٌ [كَاضْرِبْ] فالماضى مَفْتُوحُ الآخِرِ أَبَدًا [ما لَم يَتَّصِلْ بِهِ
ضَمِيرُ رَفْعٍ مُتَحَرِّكٌ فَيَسْكُنَ آخِرُهُ نَحوَ ضَرَبْتُ أَوْ ضَمِيرُ جَمْعٍ
مُذَكَّرٍ فَيَضُمَّ نَحوَ ضَرَبُوا] والأَمْرُ مَجْزُومٌ أَبَدًا] والمضارعُ ما كان
فى أَوَّلِهِ إِحْدَى ٱلزَوَائِدِ ٱلْأَرْبَعِ يَجْمَعُهَا قَوْلُكَ أَنَيْتُ وهو
مَرْفُوعٌ أَبَدًا [مِثْلُ يَضْرِبُ] حَتَّى يَدْخُلَ عَلَيْهِ نَاصِبٌ
[فَيَنْصِبَهُ] أَوْ جَازِمٌ [فَيَجْزِمَهُ]

„Die Zeitwörter sind drei (i. e. haben drei Formen):
das Perfect (مَاضٍ) [wie: ضَرَبَ, er hat geschlagen], das
Imperfect [wie يَضْرِبُ, er schlug], der Imperativ [wie
اضْرِبْ, schlage]. Das Perfect hat durchaus auf dem End-

3

radical ein Fath'ab [so lange nicht mit ihm verbunden ist
ein Pronomen des Nominativs, das mit einem Vocal versehen ist, so dass sein Endradical stumm wird, wie: ḏarab-
tu (ich habe geschlagen), oder ein männliches Pronomen
des Plurals, so dass es mit u gesprochen wird, wie: darab-ū,
sie (m.) schlugen]. Der Imperativ hat durchaus ein Jazm.
Das Imperfect ist das, an dessen Anfang eines der vier
Incremente sich befindet, welche dein Wort أَنَيْتُ zusammenfasst, und es steht durchaus im Nominativ [wie: yaḏrib-u],
bis dass ihm vortritt eine Partikel, welche den Accusativ
(i. e. Subjunctiv) erheischt, [und es in den Subjunctiv sezt],
oder den Modus jazmatus, [und es in den Modus jazmatus
sezt]."

Im Verbum ist das Pronomen entweder verborgen
(مُسْتَتِر), wie in ضَرَبَ, oder offenbar (ظَاهِر، بَارِز), wie
in ضَرَبْتَ، ضَرَبْتِ. Ein solches, dem Verbum angehängtes
Pronomen heisst: ضَمِير مُتَّصِل مَرْفُوع, ein im Nominativ
stehendes angehängtes Pronomen.

Die Praefixe des Imperfect sind zusammengefasst in
dem Memorialwort أَنَيْتُ. Die Praefixe heissen Incremente (زَائِدَة, Pl. زَوَائِد), welche den Stamm (أَصْل) ver-
mehren.

36. س. مَا هِيَ النَّوَاصِبُ وَكَم هِيَ

„Was sind die Partikeln, welche den Subjunctiv verlangen und wie viel sind ihrer?"

---

*) Man heisst diese: أَحْرُف مُضَارَعَة, Buchstaben, die zur Bild-
ung des مُضَارِع dienen.

ج. فَالنَّوَاصِبُ عَشَرَةٌ وَهِىَ أَنْ وَلَنْ وَلَنْ وَإِذَنْ وَكَىْ

وَلَامُ كَىْ وَلَامُ ٱلْجُحُودِ وَحَتَّى [فِى بَعْضِ تَصَارِيفِهَا] وَٱلْجَوَابُ

بِالْفَآءِ وَالْوَاوِ وَأَوْ [وَهِىَ بِذَلِكَ عَلَى قِسْمَيْنِ قِسْمٌ مِنْهَا

يَنْصِبُ بِذَاتِهِ وَهِوَ الاربعةُ ٱلْمُتَقَدِّمَةُ وَقِسْمٌ مِنْهَا يَنْصِبُ

بِوَاسِطَةِ أَنْ مُضْمَرَةٍ وَهِوَ السِّتَّةُ ٱلْمُتَأَخِّرَةُ وَهَذِهِ أَمْثِلَتُهَا

أَوْشَكَ أَنْ يَغْرَقَ   مِثَالُ أَنْ *)

لَنْ أَفْعَلَ   مِثَالُ لَنْ

إِذَنْ أُكْرِمَكَ   مِثَالُ إِذَنْ

اِدْرِسْ كَىْ تَحْفَظَ   مِثَالُ كَىْ

تُبْ لِيَغْفِرَ لَكَ ٱللّٰهُ   مِثَالُ لَامِ كَىْ

مِثَالُ لَامِ ٱلْجُحُودِ مَا كَانَ ٱللّٰهُ لِيَغْفِرَ لِلْمُصِرِّينَ عَلَى

خَطَايَاهُمْ

سِرْتُ حَتَّى أَدْخُلَ ٱلْبَلَدَ   مِثَالُ حَتَّى

مِثَالُ الْجَوَابِ بِالْفَآءِ وَالْوَاوِ زُرْنِى فَأُكْرِمَكَ (أَوْ وَأُكْرِمَكَ)

مِثَالُ أَوْ لَأَمْنَعَنَّكُمْ أَوْ تَتُوبُوا (اى الى أَنْ تَتُوبُوا)

---

*) أَنْ wird مَوْصُولٌ حَرْفِىٌّ Conjunctivpartikel genannt

und حَرْفُ مَصْدَرِىٌّ, eine Infinitiv-artige Partikel, weil das Verbum,

vor das sie tritt, dem Sinne nach in einen Infinitiv verwandelt werden kann.

3*

„Die Partikeln, welche den Accusativ (Subjunctiv) regieren, sind zehn: diese sind (1) اَنْ (dass, ut), (2) لَنْ
(keineswegs), (3) إِذًا (إِذَنْ) (dann, in diesem Fall),
(4) كَىْ (damit), (5) لَامْ كَىْ (das Lām von كَىْ = لِ, dass,
damit), (6) لَامْ الْجُحُودِ (das Lām der Negation = لِ),
(7) حَتَّى [in einigen Wendungen desselben] (dass, damit,
bis dass), (8. 9) die Antwort mit فَ und وَ (فَ, auf dass,
وَ, während, mit dem dass), (10) اَوْ (es sei denn,
dass). [Diese bestehen demgemäss aus zwei Classen: die
eine davon regiert den Subjunctiv durch sich selbst —
und das sind die vier ersten — und die andere Classe
regiert den Subjunctiv vermittelst eines supponirten اَنْ
— und das sind die sechs lezten — und die folgenden sind
Beispiele davon:

Er war nahe daran zu ertrinken.	Beispiel mit	(1) اَنْ
Ich werde (es) keineswegs thun.	„ „	(2) لَنْ
Dann werde ich dich ehren.	„ „	(3) إِذَنْ
Lese, damit du (es) im Gedächt- niss behaltest.	„ „	(4) كَىْ
Thue Busse, damit dir Gott ver- gebe!	„ „	(5) لِ
Gott ist nicht geneigt denen zu vergeben, die in ihren Sünden beharren.	„ „	(6) لِ
Ich gieng zu, bis dass ich in die Stadt kam.	„ „	(7) حَتَّى

Besuche mich, so dass ich dich 　　Mit فَ und وَ (N. 9)
(dann) ehre.
Führwahr, ich werde euch zurück- 　　Mit أَوْ (10)
weisen, es sei denn dass ihr Busse
thut]."

(1) أَنْ, dass, nach den Verbis des Wollens,
Strebens, Befehlens, Verbietens etc. (Mit لَا zusammengesezt أَلَّا = أَنْ لَا dass nicht). (2) لَنْ, zusammengesetzt aus أَنْ لَا (= لَا يَكُونُ أَنْ, es wird nicht
sein, dass), gewiss nicht, keineswegs.*) (3) إِذَنْ
(إِذًا), dann, in diesem Fall. Dazu gehört nach De
Sacy (II, p. 29), dass das Imperfect immer im Sinne des
Futurums stehe, dass إِذَنْ das erste Wort des Sazes
sei, auf welches unmittelbar das Verbum folgt (nur
eine Negation, ein Schwur oder Vocativ kann dazwischen
treten) und dass إِذَنْ immer eine Consequenz aus dem
vorangehenden implicire.**) كَيْ (zusammengesezt لِكَيْ und
mit der Negation لَا : كَيْلَا, لِكَيْلَا, damit nicht) drückt
immer eine Absicht oder einen Zweck aus. Diese vier
gelten als eigentliche Partikeln, die als solche den Subjunctiv erfordern. Da die übrigen ursprünglich theils Prae-

---

*) Doch ist diese Ableitung zweifelhaft; cf. De Sacy, Anthol.
gram. p. 254. Nicht zu übersehen ist, dass لَنْ immer etwas zukünftiges verneint.

**) Es wird darum von den Grammatikern حَرْفُ جَوَابٍ وَجَزَآءٍ
Partikel einer Antwort und Compensation genannt.

positionen (لِ und حَتَّى), theils Conjunctionen (فَ, وَ, أَوْ) sind, so nehmen die arab. Grammatiker nach ihnen eine Ellipse von أَنْ an. (5) لِ nennen die Araber لَامْ كَيْ, das Lām (L) von Kai, das Lām, das den Sinn von كَيْ hat*) (nicht wie De Sacy II, § 1112, im Widerspruch mit II, § 54 erklärt, weil nach لِ eine Ellipse von كَيْ stattfinde). Die Grammatiker unterscheiden von diesem لِ des Motivs (لَامْ كَيْ ٱلتَّعْلِيلِيَّةُ) das sogenannte (6) لَامْ ٱلْجُحُودِ, das nur gebraucht wird, wenn كَانَ mit einer Negation vorangeht**); es dient dazu, die Fähigkeit, Möglichkeit oder Geneigtheit auszudrücken. Es ist ein und dieselbe Partikel, nur ihre syntactische Anwendung ist verschieden. (7) حَتَّى hat zwei Bedeutungen: in der Absicht dass und bis dass***); wo aber حَتَّى den blossen Erfolg bezeichnet (= so dass), steht es mit dem Perfect oder dem Indicativ des Imperfects. (8. 9) فَ, das die Consequenz aus einem vorangehenden

---

*) So erklärt es auch Azharī; cf. De Sacy, Anthol. gram. p. 115, L. 1.

**) Dazu gehört noch, dass مَا كَانَ oder لَمْ يَكُنْ im Sinne eines Praesens stehe.

***) Es steht لِلْغَايَتِ (als terminus ad quem, bis dass) und لِلتعليل, zur Bezeichnung des Motivs oder Zweckes, nach Azharī. Dieterici's Angabe, Alfiyyah p. 307, Anm., ist darnach zu erweitern. Siehe auch Lane sub voce حَتَّى und Mufassal, p. 111, L, 1—4.

Saze zusammenfasst, steht nach einem Imperativ, Prohibitiv oder nach Worten, die einen Wunsch, Hoffnung, Frage oder eine Negation enthalten und bedeutet: auf dass oder so dass (in Folge davon das und das geschehe oder geschehen werde, indem der von فَ abhängige Subjunctiv immer etwas bedingt abhängiges und darum zukünftiges in sich schliesst). — In dem oben gegebenen Beispiele ist وَ, das unter denselben Bedingungen wie فَ gebraucht wird, dem فَ ganz gleichgestellt; dies ist jedoch nicht richtig. Auch De Sacy (II, § 57) hat dem وَ eine doppelte Bedeutung zugeschrieben, indem er es mit فَ identificirt und auch wieder von demselben unterscheidet (II, § 58). Das richtige ist in seiner Anthol. gram. p. 177 sqq. angegeben. وَ unterscheidet sich von فَ dadurch, dass es keine Consequenz aus dem vorangehenden zieht, sondern eine demselben untergeordnete und gleichzeitige Handlung implicirt.*) Ibn Hišām nennt es darum das وَاوُ ٱلْمَعِيَّةِ oder وَاوُ ٱلْجَمْعِ**), das Vāv der Concomitanz = مَعَ أَنْ, während dem dass, indem zugleich. Das

---

*) Dies ist auch die Auffassung Azhari's und der Alfiyyah, V. 688. Der Commentar des Ibn ʾAqīl erklärt auch die von De Sacy II, § 57 angeführte Qurʾānstelle in diesem Sinne.

**) Es wird von den küfischen Grammatikern وَاوُ ٱلصَّرْفِ, das Vāv des Abwendens (verkürzt aus ٱلصَّرْفِ عن العطف des Abwendens von der Verbindung mit dem vorangehenden Saze) genannt. Anthol. gram. p. 219.

أَوْ وَأَكْرِمَكَ wäre demnach zu modificiren. (10) أَوْ (oder) im
Sinne von إِلَّا أَنْ, es sei denn dass. Die oben ge-
gebene Erklärung von أَوْ im Sinne von إِلَى أَنْ, bis dass
(die auch Caspari § 398, 6. und De Sacy II, § 59 geben)
ist, stricte genommen*), nicht richtig, da durch أَوْ nur ein
Gegensaz, keineswegs aber eine Zeitbestimmung ausgedrückt
wird. أَوْ in einem Saze wiederholt, mit der Bedeutung:
sei es dass (sive — sive) nimmt ebenfalls den Subjunctiv
zu sich (cf. Ew. II, p. 120), indem أَنْ ausgefallen ist.
Unter den Partikeln, welche den Subjunctiv sich unterordnen können, ist hier ثُمَّ (in etwas stärkerem Sinne als
فَ), so dass dann, übergangen; cf. Ew. II, p. 272.
Ueberhaupt kann nach einer Verbindungspartikel, wenn ihr
ein reines Nomen (اسم خَالِصٌ, das nicht den Sinn eines
Verbums hat) vorangeht, der Subjunctiv mit und ohne أَنْ
stehen; cf. Alfiyyah, V. 693.

37. س. ما هى الجَوَازِمُ(** وكم هى

„Was sind die Wörter, welche den Modus jazmatus
erfordern und wie viel sind ihrer?"

---

*) Azharî erklärt أَوْ durch إِلَّا und إِلَى, das Mufassal (p. 110,
L. 1) sogar nur durch إِلَى. إِلَّا ist das richtige, während إِلَى allerdings dem Sinne von أَوْ nahe kommt, aber ihn nicht ganz erschöpft.

**) Man nennt sie auch: عَوَامِلُ الجَزْمِ, die den Modus jazmatus
regierenden.

ج . الجوازمُ ثَمَانِيَةَ عَشَرَ وهى [بذلك على قِسْمَيْنِ
قِسْمٌ مِنْها يَجْزِمُ فِعْلًا وَاحِدًا وهو سِتَّةُ أَحْرُفٍ] لَمْ ,ولَمَّا
,وأَلَمْ ,وأَلَمَّا ولَامُ الآمُرِ والدُّعَاءِ ولَا فى الدُّعَاءِ والنَهْى
[وقِسْمٌ منها يَجْزِمُ فِعْلَيْنِ يُسَمَّى الاوَّلُ فِعْلَ الشَّرْطِ والثانى
جَوَابَهُ وهى] إِنْ ومَا ومَنْ ومَهْمَا وإِنَّمَا وأَىٌّ ومَتَى
,وأَيَّانَ ,وأَيْنَ وأَنَّى وحَيْثُمَا وكَيْفَمَا وإِذَا فى الشِعْرِ خَاصَّةً

„Die Wörter, welche den Modus jazmatus erfordern,
sind 18; [es sind deren zwei Classen; die eine von ihnen
sezt nur Ein Verbum in den Modus jazmatus, und das
sind die sechs Partikeln] (1) لَمْ, nicht; (2) لَمَّا noch
nicht); (3) أَلَمْ (ob nicht?); (4) أَلَمَّا (ob noch nicht?);
(5) das Lâm des Imperativs und der Bitte, i. e. لِ; (6) لَا
bei der Bitte und Prohibition = ne. *) [Und eine Classe
von ihnen sezt zwei Verba in den Modus jazmatus; das
erste wird das Verbum der Bedingung genannt und
das zweite seine Antwort; diese sind:] (7) إِنْ (wenn);
(8) مَا (was); (9) مَنْ (wer); (10) مَهْمَا (was nur immer); (11) إِنَّمَا (wann, wann nur immer); (12) أَىُّ
(wer immer); (13) مَتَى (wann); (14) أَيَّانَ (wann);

---

*) لَا, wenn auf Gott bezogen, soll دُعَآئِيَّةٌ (bittend) sein, und
wenn auf Menschen etc, نَاهِيَةٌ (verbieten).

(15) أَيْنَ (wo, wohin); (16) أَنَّى (woher, wo, wo
nur, wie, wie nur); (17) حَيْثُمَا (wo nur); (18) كَيْفَمَا
(wie nur); und إِذَا (wann) in der Poësie besonders."

Die ersten sechs Partikeln (oder vielmehr vier: denn
(3) und (4) können nicht als besondere Partikeln betrachtet
werden) kommen nur in einfachen Säzen vor, die in sich
vollständig sind; die übrigen Partikeln und Wörter dagegen in Bedingungs- oder ihnen ähnlichen Säzen, in
welchen ein Saztheil dem andern untergeordnet ist. Tritt
nun im Vordersaz, um einer der angeführten Wörter willen,
der Modus jazmatus ein, so folgt er auch, der Gleichmässig-
keit wegen, im Nachsaz, ausser wenn dieser durch فَ ein-
geleitet ist, in welchem Falle der Indicativ des Imperfects stehen muss, da فَ die Einwirkung des Vordersazes
auf den Nachsaz aufhebt. Es sind hier nicht alle Worte
speciell aufgeführt, besonders die zusammengesezten sind
öfters übergangen, da sie aus der Analogie erschlossen
werden können; zu مَا können die Composita كُلَّمَا, alles
was, كُلَّمَا, allemal, so oft als hinzugefügt werden;
zu: أَيُّ : أَيْمَنْ, wer nur immer, أَيُّمَا, was nur immer;
zu: مَتَى : مَتَى مَا, wann nur immer, ebenso zu أَيْنَ:
أَيْنَمَا wo nur immer; zu den Compositis حَيْثُمَا und
كَيْفَمَا kann man die einfachen Stämme حَيْثُ und كَيْفَ
hinzufügen.

Das Adverbium إِذَا, wann (quum) ist hier nicht
gezählt, da seine Construction mit dem Modus jazmatus

nur in der Poësie vorkommt. Ueber 7—18 ist jedoch zu bemerken, dass ihre Coustruction mit dem Modus jazmatus keine n o t h w e n d i g e ist.

38. س . اخبرنى ما هى أَمْثِلَةُ ٱلْجَوَازِم

„Sage mir, was die Beispiele der den Modus jazmatus regierenden Wörter sind?"

ج . [هذه أَمْثِلَتُهَا

مِثَال لَمْ   لَمْ يَقُمْ زَيْدٌ

مثال لَمَّا   لَمَّا يَخْشَ

مثال أَلَمْ   أَلَمْ أَقُلْ لَكَ

مثال أَلَمَّا   أَلَمَّا أَفْعَلْ

مثال لام الامر لِيَضْرِبْ

مثال لا   لَا تَسْرِقْ

هذه أَمْثِلَةُ ما يَجْزِمُ فِعْلًا واحِدًا وامّا ما يجزم

فِعلَينِ فهذه أَمْثِلَتُهُ

مثال إِنْ   إِنْ تَكْسَلْ تَخْسَرْ

مثال مَن   من يَطْلُبْ يَجِدْ

مثال ما   ما تَفْعَلْ أَفْعَلْ

مثال مَهْمَا   مَهْمَا تَفْعَلْهُ تُجَازَ عَلَيْهِ

مثال إِذْمَا   قَوْلُ الشَّاعِرِ

وَ إِنَّكَ إِذْمَا تَأْتِ مَا أَنْتَ آمِرٌ   بِهِ تُلْفِ مَنْ إِيَّاهُ تَأْمُرْ آتِيَا

مثال أَيِّ   أَيًّا تَضْرِبْ أَضْرِبْ

مثال مَتَى   مَتَى تَمُتْ تَعْرِفْ

مثال أَيَّانَ   قَوْلُ الشَّاعِرِ

وَ أَيَّانَ مَا تَعْدِلْ بِهِ الرِّيحُ يَنْزِلِ

مثال أَيْنَ   أَيْنَ تَذْهَبْ أَذْهَبْ

مثال أَنَّى   أَنَّى تَجْلِسْ أَجْلِسْ

مثال حَيْثُمَا   حَيْثُمَا تَسْقُطْ تَثْبُتْ

مثال كَيْفَمَا   كَيْفَمَا تَتَوَجَّهْ تُصَادِفْ خَيْرًا

مثال إِذَا   قَوْلُ الشَّاعِرِ

وَ إِذَا تُصِبْكَ خَصَاصَةٌ فَتَجَمَّلِ *)]

["„Das sind die Beispiele dazu:

Zaid stand nicht auf.   Beispiel mit لَمْ **) (1)

---

*) Azharî, wie De Sacy (II, p. 37) liest: فَتَحَمَّلْ; wir haben nach Lane تَجَمَّل (mit finalem metrischen i und ج) wiederhergestellt.

**) لَمْ und لَمَّا verneinen immer etwas vergangenes, verwandeln daher das Imperfect in ein Praeteritum.

Er fürchtete noch nicht.	Beispiel mit	لَمَّا (2)
Sagte ich dir nicht?	„ „	أَلَمْ (3)
That ich noch nicht?	„ „	أَلَمَّا (4)
Er soll schlagen.	„ „	لام الامر (5)
Du sollst nicht stehlen.	„ „	لَا (6)

„Das sind die Beispiele von dem, was Ein Verbum in den Modus jazmatus sezt. Was aber zwei Verba in den Modus jazmatus sezt, so sind folgende die Beispiele davon:

Wenn du träge bist, erleidest du Verlust.	Beispiel mit	إِن (7)
Wer sucht, der findet.	„ „	مَنْ (8)
Was du thust, thue ich.	„ „	مَا (9)
Was du immer thust, dafür wird dir vergolten	„ „	مَهْمَا (10)
Das Wort des Dichters:	„ „	إِذْمَا (11)

Fürwahr, wann immer du (selbst) thust, was du befiehlst, wirst du den, dem du befiehlst, (es) thun finden.*)

---

*) Die zwei, im Mod. jazmat. stehenden, einander correspondirenden Verba sind: تَأْتِ — تُلْفِ (إِذْمَا). آتِيًا (= آتِيًا) ist Objects-Accusativ von تُلْفِ. أَتَى (eigentlich mit Accusativ) thun, ausführen. إِيَّاهُ تَأْمُرْ steht des Verszwanges wegen statt تَأْمُرُهُ. Das Metrum ist das طَوِيل, nämlich:

$$\smile\, \overset{\smile}{-}\, -\, \smile \mid \overset{\smile}{-}\, -\, \smile \mid -\, \overset{\smile}{-}\, -\, \smile \mid \overset{\smile}{-}\, -\, \smile$$

(von rechts nach links gelesen). Der Vers ist aus dem Commentar des Azhari genommen. Er findet sich auch im Commentar zur Alfiyyah V. 695—698. Der Dichter ist nicht genannt.

(12) أَىُّ   Beispiel mit   Wen immer du schlägst, (den) schlage ich.

(13) مَتَى   „   „   Wann du stirbst, wirst du erkennen.

(14) أَيَّانَ   „   „   Das Wort des Dichters:
Und wann du (etwas) mit ihm vergleichst, so steigt der Wind herab.*)

(15) أَيْنَ   „   „   Wohin du gehst, gehe ich

(16) أَنَّى   „   „   Wo du sizest, size ich.

(17) حَيْثُمَا   „   „   Wo immer du fällst, da bleibst du.

(18) كَيْفَمَا   „   „   Wie du dich immer wendest, so findest du Gutes.

إِذَا   „   „   Das Wort des Dichters:
Und wann dir zustösst Mangel, so ertrage (ihn) **).

---

*) Das Metrum ist ebenfalls طَوِيل; in يَنْزِلِ ist das finale i nur ein metrischer Hilfsvocal, statt يَنْزِلْ. Der Halbvers ist aus Azhari's Commentar genommen, der den Dichter nicht nennt, sondern nur mit den Worten einführt: نَحْوَ قَوْلُهُ.

**) Das Metrum ist das كَامِل:

$$ - \cup - \cup \cup \mid - \cup - \cup \cup \mid - \cup - \cup \cup $$

بَابُ مَرْفُوعَاتِ ٱلْأَسْمَآءِ

VI. Capitel.

Von den Nominibus, die in den Nominativ gesezt werden (müssen).

‏39. س. اخبرنى ما هى الاسمآء الْمَرْفُوعَةُ وكم هى

„Sage mir, was die Nomina sind, die in den Nominativ gesezt werden und wie viel ihrer sind?"

ج . الْمَرْفُوعَاتُ سَبْعَةٌ وهى الْفَاعِلُ والْمَفْعُولُ الَّذِى
لم يُسَمَّ فَاعِلُهُ وَٱلْمُبْتَدَأُ *) وَخَبَرُهُ وَٱسْمُ كَانَ وَأَخَوَاتِهَا
وَخَبَرُ إِنَّ وَأَخَوَاتِهَا والتَّابِعُ لِلْمَرْفُوعِ وهو اربَعَةُ أَشْيَآءَ
النَّعْتُ والْعَطْفُ والتَّوْكِيدُ والْبَدَلُ

„Die Worte, die in den Nominativ gesezt werden, sind sieben; nämlich: das Agens (Activ-Subject), das Patiens (Passiv-Subject), dessen Agens nicht genannt wird, das Inchoativ und sein Praedicat, das Nomen von كَانَ und seinen Schwestern, das Praedicat von إِنَّ und seinen Schwestern, und das Appositum eines im Nominativ stehenden Wortes; dieses ist viererlei Art: die Beschreibung (das Adjectiv), die Anlehnung (das durch eine Conjunctivpartikel angefügte Wort), die Corroboration und das Permutativ.

---

*) Man kann مُبْتَدَاٌ‏ (aber ohne Maddah) oder مُبْتَدَأٌ‏ schreiben.

بَابُ الفَاعِلِ

1) Vom Agens.

40. س . ما هو الفَاعِلُ

„Was ist das Agens?"

ج : اَلفَاعِلُ هو الاِسمُ المرفوعُ المَذْكُورُ قَبْلَهُ فِعْلُهُ
[أَىْ إِنَّ الفَاعِلَ يَلْزَمُهُ أَنْ يَكُونَ آسمًا وأَنْ يَكُونَ مَرْفُوعًا
وأَن يكونَ فِعْلُهُ مَذْكُورًا قَبْلَهُ لِأَنَّهُ إِن كَانَ آسمًا مَرْفوعًا
وَلَكِنَّ فِعْلَهُ مذكورٌ بَعْدَهُ كَقَوْلِنا زَيْدٌ قَامَ لم يَكُنْ فَاعِلًا بَل
مُبْتَدَأً ولذلك قُلْنَا أَنَّهُ يَكُونُ مذكورًا قَبْلَهُ فِعْلُهُ نحوَ قَامَ
زَيْدٌ فزَيْدٌ آسمٌ مرفوعٌ وفِعْلُهُ مذكورٌ قَبْلَهُ]

„Das Agens ist das in den Nominativ gesezte Nomen,
dessen Verbum v o r ihm erwähnt ist. [D. h. es ist nöthig
für das Agens, dass es ein Nomen sei, dass es im Nominativ stehe und dass sein Verbum vor ihm erwähnt sei;
denn wenn es ein in den Nominativ geseztes Nomen ist,
sein Verbum jedoch n a c h demselben erwähnt wird, wie:
زَيْدٌ قَامَ, Zaid stand, so ist es nicht (mehr) ein Agens,
sondern Inchoativ. Darum sagten wir: dass v o r ihm sein
Verbum erwähnt sein müsse, wie: قَامَ زَيْدٌ; زَيْدٌ also ist
Nomen im Nominativ und sein Verbum ist v o r ihm
erwähnt.]"

الفَاعِلُ, im syntactischen Sinne, das Agens oder Activ-
Subject, dem sein Verbum vorangeht; fängt aber

das Subject den Saz an, so wird es (= بِهِ ٱلْمُبْتَدَأُ) , ٱلْمُبْتَدَأُ
das womit der Saz begonnen wird, i. e. das Inchoativ)
genannt, das, wenn sein Praedicat ein Verbum ist, als ab-
soluter Nominativ voransteht, weil die arab. Gramm-
matiker solche Säze als zusammengesezte betrachten,
indem das nachfolgende Verbum sein فَاعِل in sich selbst
trägt. قَامَ زَيْدٌ ist = هُوَ قَامَ زَيْدٌ , das Praedicat des Mubtada' زَيْدٌ ist daher der Verbal-Saz قَامَ هُوَ . Das فَاعِل
muss entweder ein wahres Nomen (ٱسْمٌ صَرِيحٌ) sein (oder
ein einem Nomen gleichkommender Ausdruck: (ٱسْمٌ مُؤَوَّلٌ),
oder ein Pronomen, wie es im folgenden § näher auseinander gesezt wird.

٤١. س. اخبرني هل هذا الفاعل قِسْمٌ أَمْ قِسْمَانِ

„Sage mir, ist das Agens von Einer oder von zwei
Arten?"

ج. الفاعل على قِسْمَيْنِ ظَاهِرٍ وَمُضْمَرٍ فَالظَّاهِرُ
[اى الفاعل الذى هو آسمٌ ظَاهِرٌ] نَحْوُ قَوْلِكَ قَامَ زَيْدٌ وَيَقُومُ
زَيْدٌ وَقَامَ الزَّيْدَانِ وَيَقُومُ الزَّيْدَانِ وَقَامَ الزَّيْدُونَ وَيَقُومُ
الزَّيْدُونَ وَقَامَ أَخُوكَ ويقوم أَخُوكَ والمُضْمَرُ [أَى الفاعل
الذى لَيْسَ هو آسمًا بَلْ ضَميرًا] ثَلَثَةَ عَشَرَ*) [اثنان لِلْمُتَكَلِّمِ]

---

*) Im Texte der Ajrūmiyyah steht اثْنَا عَشَرَ , während doch
13 Formen aufgezählt werden. Die Bairūter Ausgabe hat أَرْبَعَةَ عَشَرَ ,

4

نَحْوَ قَوْلِكَ ضَرَبْتُ ، وَضَرَبْنَا [وَخَمْسَةٌ لِلْمُخَاطَبِ نَحْوُ] ضَرَبْتَ

وَ ضَرَبْتِ ، وَضَرَبْتُمَا ، وَضَرَبْتُمْ ، وَضَرَبْتُنَّ [وَسِتَّةٌ لِلْغَائِبِ نَحْوُ]

ضَرَبَ ، وَضَرَبَتْ ، وَضَرَبَا ، وَضَرَبَتَا ، وَضَرَبُوا ، وَضَرَبْنَ

„Das Agens ist zweierlei Art: das **offenbare** und das
pronominale. Das **offenbare** [d. h. das Agens, das
ein offenbares Nomen ist] ist, wie du sagst: Zaid stand
und Zaid steht, und: es standen die beiden Zaid und: die
beiden Zaid stehen, und: es standen die Zaid, und: die
Zaid stehen, und: es stand dein Bruder, und: es steht dein
Bruder*). Das **pronominale** [d. h. das Agens, das kein
Nomen, sondern ein Pronomen ist] hat **dreizehn** (Formen)
[zwei für die erste Person], wie du sagst: ضَرَبْتُ (darab-tu,
ich habe geschlagen) und ضَرَبْنَا darab-nā, wir haben geschlagen, [und fünf für die zweite Person, wie:] ضَرَبْتَ
(darab-ta, du (m.) hast geschlagen), ضَرَبْتِ (darab-ti, du
(f.) hast geschlagen), ضَرَبْتُمَا (darab-tumā, ihr beide (com.)
habt geschlagen), ضَرَبْتُمْ (darab-tūm, ihr (m.) habt geschlagen), ضَرَبْتُنَّ (darab-tunna, ihr (f.) habt geschlagen)

---

indem sie den Dual ضَرَبْتُمَا doppelt zählt; in diesem Falle aber
hätte sie auch ضَرَبْتُ und ضَرَبْنَا doppelt zählen müssen. Die römische
Ausgabe und Azhari zählen nur 12, indem sie ضَرَبْتَ als Eine Form
fassen.

*) Es ist dabei wohl zu beachten, dass, wenn das Subject auf das
Verbum (oder Verbaladjectiv) folgt, das in demselben enthaltene (oder
supponirte) Pronomen in der grammatischen Analyse verschwindet.

[und sechs für die dritte Person, wie:] ضَرَبَ (daraba, er hat geschlagen), ضَرَبَتْ (daraba-t, sie hat geschlagen, ضَرَبَا darab-ā, sie (m.) beide haben geschlagen), ضَرَبَتَا (daraba-tā, sie (f.) beide haben geschlagen), ضَرَبُوا (darab-ū, sie (m.) haben geschlagen), ضَرَبْنَ (darab-na, sie (f.) haben geschlagen)."

Das اِسْمٌ ظَاهِرٌ, das offenbare Nomen, ist jedes Nomen, mit Ausschluss des مُضْمَرٌ (des Pronomens*) und des مُبْهَمٌ (des unbestimmten, d. h. der Demonstrativa (insoferne sie noch nicht durch ein Nomen bestimmt sind), der Relativa, der Cardinalzahlen von 11—99 (mit Ausnahme der Zehner) und der unbestimmten Zahlwörter: كَمْ, كَأَيِّ oder كَأَيِّنْ, wie viele? كَذَا, so viele. Das Pronomen ist entweder مُنْفَصِلٌ (getrennt, i. e. persönliches Pronomen) oder مُتَّصِلٌ (angehängt); das leztere ist wiederum entweder ضَمِيرٌ مُتَّصِلٌ مَرْفُوعٌ (angehängtes Pronomen im Nominativ), oder: ضَمِيرٌ مُتَّصِلٌ مَنْصُوبٌ (angehängtes Pronomen im Accusativ); im Texte ist unter الْمُضْمَرُ das ضَمِيرٌ مُتَّصِلٌ مَرْفُوعٌ verstanden. Dieses ist (wie schon zu § 32

---

*) الْمُضْمَرُ, wörtlich: das im Sinne behaltene, daher auch schlechthin: das Pronomen. (Eigentlich elliptisch für: الْمُضْمَرُ بِهِ das, womit etwas im Sinne behalten wird, was für das اِسْمٌ ظَاهِرٌ eintritt).

4*

bemerkt worden ist) entweder مُسْتَتِرٌ (verborgen im Verbum), oder بَارِزٌ (offenbar), worüber das nähere im folgenden § 42 gezeigt ist. — Die e r s t e Person des Verbums heisst: اَلْمُتَكَلِّمُ, der Redende, die zweite: اَلْخُاطَبُ, der Angeredete, die dritte: اَلْغَائِبُ, der Abwesende.

42. س. أَبِنْ لِى مَا هُوَ الضَّمِيرُ الْفَاعِلُ الْمُتَّصِلُ فِى ٱلْأَمْثِلَةِ الْمُتَقَدِّمَةِ

„Seze mir auseinander, was das angehängte Pronomen, das das Agens ausdrückt, in den vorangehenden Beispielen ist."

ج [إِنَّ الضَّمِيرَ الْفَاعِلَ فِى مِثَالِ الْمُفْرَدِ الْغَائِبِ هُوَ ضَمِيرٌ مُسْتَتِرٌ جَوَازًا تَقْدِيرُهُ هُوَ وَفِى مِثَالِ الْمُثَنَّى الْغَائِبِ هُوَ الالِفُ وَفِى الْجَمِعِ هُوَ الْوَاوُ وَالضَّمِيرُ الْفَاعِلُ فِى مِثَالِ الْمُفْرَدَةِ الْغَائِبَةِ هُوَ ضَمِيرٌ مُسْتَتِرٌ جَوَازًا تَقْدِيرُهُ هِىَ وَالتَّآءُ عَلَامَةُ التَّأْنِيثِ وَفِى مِثَالِ مُثَنَّاهَا هُوَ الالِفُ وَالتَّآءُ ايضًا عَلَامَةُ التانيثِ وَفِى مِثَالِ جَمْعِهَا هُوَ النونُ وَالضَّمِيرُ الْفَاعِلُ فِى امثلةِ الْخَاطَبِ الْمُذَكَّرِ هُوَ التَّآءُ فَقَطْ وَالْأَحْرُفُ اللَّاحِقَةُ لَهَا هِىَ لِلدِّلَالةِ عَلَى التثنيةِ وَالْجَمِعِ وَكذلك الضَّمِيرُ الْفَاعِلُ فِى مِثَالِ الْمُفْرَدةِ الْخَاطِبَةِ وَمُثَنَّاهَا وَجَمِعِها هُوَ التَّآءُ لَا غَيْرُ.

وَالنُونُ الْمَشَدَّدَةُ حَرْفٌ دَالٌّ عَلَى جَمْعِ ٱلْإِنَاتِ. وَهٰكَذَا فِى

مِثَالَى ٱلْمُتَكَلِّمِ فَإِنَّ التَّآءَ فِى قَوْلِكَ ضَرَبْتُ هِى ضَمِيرُ الْفَاعِلِ

الْمُفْرَدِ. وَنَا فِى قَوْلِكَ ضَرَبْنَا هِى ضَمِيرُ جَمْعِ الْمُتَكَلِّمِينَ. وَأَمَّا

ضَمِيرُ الْفَاعِلِ الْمُنْفَصِلِ فَظَاهِرٌ وَهُوَ قَوْلُكَ أَنَا وَنَحْنُ وَأَنْتَ

وَأَنْتُمَا. وَأَنْتُمْ الَى آخِرِهِ.]

[„Das pronominale Agens in dem Beispiel der dritten
Person masc. Sing. ist ein erlaubterweise verborgenes Pronomen, indem هُوَ supponirt wird; und in dem Beispiele
des Duals der dritten Person masc. ist es das Alif und im
Plural ist es das Vâv (= ū)*); und in dem Beispiele der
dritten Person fem. sing. ist es ein erlaubterweise verborgenes Pronomen, indem هِىَ supponirt wird, das Tâ
(ـَتْ) ist das Zeichen des Femininums. Und in dem Beispiele des Duals davon ist es das Alif und das Tâ ist
wiederum das Zeichen des Femininums; und in dem Beispiele des Plurals davon ist es das Nūn. Das pronominale
Agens in der zweiten Person masculini ist das Tâ allein
und die Buchstaben, die sich an dasselbe anhängen, dienen
zum Hinweis auf den Dual und Plural. Ebenso ist das
pronominale Agens in dem Beispiel der zweiten Person
fem. sing. und in dem Dual und Plural davon das Tâ,
sonst nichts, und das verdoppelte Nūn ist ein Buchstabe,
der hinweist auf den Plural des Femininums. Und ebenso
ist es in den beiden Beispielen der ersten Person: denn
das Tâ in deinem Worte: ضَرَبْتُ ist das Pronomen des

---

*) Vergleiche § 16.

Agens im Singular, und نَا in deinem Worte: ضَرَبْنَا ist
das Pronomen der ersten Person des Plurals. Das ge-
trennte Pronomen des Agens aber ist offenbar und
das ist deine Rede: أَنَا, نَحْنُ; أَنْتَ, أَنْتُمَا, أَنْتُمْ u. s. w.]"

Nach dem vorangehenden ist das, was De Sacy (II,
p. 519) über die Verbal-Pronomina sagt, näher zu praeci-
siren. Seine Aufstellung, dass das Pronomen بَارِز (offenbar) sei, wenn die Person durch einen den Radicalen hinzu-
gefügten Buchstaben angezeigt sei, passt nicht auf die
dritte Person fem. sing., in welcher das Pronomen هِى
ebenfalls مُسْتَتِر ist, indem das hinzugefügte ت nur als
Zeichen des Femininums betrachtet wird, wie auch in dem
Dual ضَرَبَتَا nur ā als Pronomen, t dagegen als Zeichen
des Femininums angenommen wird.

بَابُ ٱلْمَفْعُولِ ٱلَّذِى لَمْ يُسَمَّ فَاعِلُهُ

2) Vom Patiens, dessen Agens nicht genannt ist.

43. س . اخبرنى ما هو المفعول الّذى لم يسمّ فاعلهُ

„Sage mir, was ist das Patiens, dessen Agens nicht
genannt wird?"

ج . هو الاسمُ المرفوعُ ٱلذى لم يُذْكَرْ مَعَهُ فَاعِلُهُ
[إِمَّا لِلْجَهْلِ بِهِ أَوْ لِغَرَضٍ مِن الْأَغْرَاضِ مِثَالُ ذلك ضُرِبَ
زَيْدٌ إِذَا كُنْتَ جَاهِلًا بِمَنْ ضَرَبَهُ أَوْ لَمْ تَشَأْ أَنْ تَذْكُرَهُ]

„Es ist das in den Nominativ gesezte Nomen, mit dem
sein Agens nicht erwähnt wird, [entweder, weil man es
nicht kennt, oder wegen einer bestimmten Absicht. Ein
Beispiel davon ist: ضُرِبَ زَيْدٌ (Zaid wurde geschlagen),
wann du nicht weisst, wer ihn geschlagen hat oder ihn
nicht nennen willst.]‘

٤٤. س. اذا حَذَفْنا الفاعِلَ وأَقَمْنا المفعولَ مَقامَهُ كَيْفَ
نَبْنِى لَهُ الفِعلَ كَىْ لَا يَلْتَبِسَ بِالفاعِلِ

„Wann wir das Agens unterdrücken und an seine
Stelle das Patiens sezen, wie müssen wir für dasselbe das
Zeitwort bauen, damit es nicht das Agens involvire?“

ج. إِنْ كان الفِعْلُ ماضِيًا ضُمَّ أَوَّلُهُ وكُسِرَ مَا قَبْلَ
آخِرِهِ [نحو ضُرِبَ عَمْرٌو] وإنْ كان مُضارِعًا ضُمَّ أَوَّلُهُ وفُتِحَ
ما قَبْلَ آخِرِهِ [نحو يُضْرَبُ عَمْرٌو]

„Wenn das Zeitwort im Perfect steht, so wird sein
erster Consonant mit Dammah versehen und was vor
seinem lezten Consonanten steht, mit Kasrah, [wie: ضُرِبَ
عَمْرٌو], und wenn es im Imperfect steht, so wird sein
erster Consonant mit Dammah, und was vor seinem lezten
steht, mit Fath‘ah versehen, [wie: يُضْرَبُ عَمْرٌو]“

Bei der Bildung des Passivs kommt nur der Vocal
des ersten und zweitlezten Consonanten in Betracht (durch alle Formen hindurch), mag der erste ein
Radical oder nur ein Servilbuchstabe sein, oder mit andern
Worten, das Charakteristische der Passivaussprache liegt in
der ersten und zweitlezten Silbe. Im Perfect

wird der Vocal der dazwischen liegenden Silbe von dem
Vocal der ersten Silbe angezogen (z. B. تَقَتَّلَ, قُتِلَ,
تُقُوتِلَ, أَنْقُتِلَ, أُقْتُتِلَ, أُسْتُقْتِلَ), im Imperfect dagegen
von dem Vocal der penultima (z. B. يُقْتَلُ, يُقَتَّلُ, يَتَقَتَّلُ,
يُنْقَتَلُ, يُسْتَقْتَلُ).

45. س . وَهَذَا عَلَى قِسْمٍ وَاحِدٍ أَمْ قِسْمَيْنِ

„Und ist dieses (das Patiens) von Einer oder zwei
Arten?‘‘

ج هُوَ عَلَى قِسْمَيْنِ [اِسْمٌ] ظَاهِرٌ و[اِسمٌ] مُضْمَرٌ
[مُتَّصِلٌ] فَالظَّاهِرُ نَحْوُ قَوْلِكَ ضُرِبَ زَيْدٌ وَأُكْرِمَ عَمْرٌو وَيُضْرَبُ
زَيْدٌ وَيُكْرَمُ عَمْرٌو وَالْمُضْمَرُ نَحْوُ قَوْلِكَ ضُرِبْتُ وَضُرِبْنَا
وَضُرِبْتِ وَضُرِبْتُمَا وَضُرِبْتُمْ وَضُرِبْتُنَّ وَضُرِبَ وَضُرِبَتْ وَضُرِبَا
وَضُرِبَتَا وَضُرِبُوا وَضُرِبْنَ

„Es ist von zwei Arten, ein offenbares [Nomen]
und ein [angehängtes] Pronomen. Das offenbare (Nomen)
ist wie deine Rede: ضُرِبَ زَيْدٌ (Zaid wurde geschlagen)
und: أُكْرِمَ عَمْرٌو (?Amr wurde geehrt) und: يُضْرَبُ زَيْدٌ
(Zaid wird geschlagen) und: يُكْرَمُ عَمْرٌو (?Amr wird geehrt). Und das (angehängte) Pronomen ist wie dein Wort:
ضُرِبْتُ ḍurib-tu, etc.‘‘

Es versteht sich von selbst, dass auch im Passiv das

das Nomen vertretende Pronomen entweder ein بَارِزٌ oder مُسْتَقِرٌّ ist.

بَابُ ٱلْمُبْتَدَإِ وَٱلْخَبَرِ

3) 4) Vom Inchoativ und dem Praedicat.

46. س . اخبرنى ما هو الْمُبْتَدَأُ وما هو الْخَبَرُ

„Sage mir, was ist das Inchoativ und was das Praedicat?"

ج . المبتدأُ هو الاسمُ المرفوعُ العارى عَنِ العَوَامِلِ
اللَّفْظِيَّةِ والخبرُ هو الاسمُ المرفوعُ المُسْنَدُ إِلَيْهِ نحوَ قَوْلِكَ
زَيْدٌ قَائِمٌ وزَيْدَانِ قَائِمَانِ وزَيْدُونَ قَائِمُونَ وما أَشْبَهَ ذلك
[فالاسمُ المَنْسُوبُ إِلَيْهِ هو المبتدأُ والمنسوبُ الخبرُ]

„Das Inchoativ ist das in den Nominativ gesezte
Nomen, das frei ist von den ausgedrückten Regentia, und
das Praedicat ist das in den Nominativ gesezte Nomen, das
an dasselbe angelehnt wird, wie du sagst: زَيْدٌ قَائِمٌ (Zaid
(ist) stehend) und : زَيْدَانِ قَائِمَانِ (die beiden Zaid (sind)
stehend) und : زَيْدُونَ قَائِمُونَ (die Zaid (sind) stehend) und
was dem ähnlich ist. [Das Nomen also, auf das (etwas)
bezogen wird, ist das Inchoativ und das, was bezogen
wird, ist das Praedicat.]"

Die im Texte erwähnten Säze sind sogenannte Nominal-
Säze. Man theilt nämlich die Säze ein: in Nominal-

Säze (جُمْلَةٌ اَسْمِيَّةٌ), wenn das Subject (als مُبْتَدَأٌ) den Saz beginnt, sei es ein Nomen (in der Regel deter-minirt) oder Pronomen, und sein Praedicat (خَبَرٌ) ebenfalls ein Nomen ist, und in Verbal-Säze (جُمْلَةٌ فِعْلِيَّةٌ), wenn dasselbe dem Verbum nachsteht oder Subject und Praedicat durch ein Verbum ausgedrückt sind wie: (قَامَ هُوَ = قَامَ). Im Verbal-Saze heisst das Subject (nach § 40) فَاعِلٌ und das Praedicat فِعْلٌ. Da das Sub-ject (als Inchoativ) immer im Nominativ stehen muss, so darf es nicht von einem ausgedrückten عَامِلٌ oder regens abhängen. Ueber die عَوَامِلُ siehe § 49, sqq. Mit Rück-sicht auf die grammatische Terminologie ist noch zu be-merken, dass Sībawaihi unter اَلْمُسْنَدُ (das Angelehnte) das Subject versteht, und unter اَلْمُسْنَدُ إِلَيْهِ (das daran An-gelehnte) das Praedicat (wie auch in unserem Texte); die Erklärung von De Sacy, Antholog. gram. p. 385 (8) ist daher unrichtig. Gewöhnlich aber werden diese Benen-nungen umgekehrt genommen, so dass اَلْمُسْنَدُ إِلَيْهِ das Subject (das, an welches angelehnt wird), اَلْمُسْنَدُ da-gegen das Praedicat (das Angelehnte) bezeichnet Das zwischen dem Subject und Praedicat stattfindende Verhält-niss heisst إِسْنَادٌ (die Anlehnung).

٤٧. س. وَالْمُبْتَدَأُ قِسْمٌ أَمْ قِسْمَانِ

„Und ist das Inchoativ von Einer oder zwei Arten?"

ج . الْمُبْتَدَأُ قِسْمَانِ ظَاهِرٌ وَمُضْمَرٌ فَالظَّاهِرُ مَا تَقَدَّم
ذِكْرُهُ [نَحْوَ زَيْدٌ قَائِمٌ] وَالْمُضْمَرُ ٱثْنَا عَشَرَ وَهِيَ أَنَا وَنَحْنُ
وَأَنْتَ وَأَنْتِ وَأَنْتُمَا وَأَنْتُمْ وَأَنْتُنَّ وَهُوَ وَهِيَ وَهُمَا وَهُمْ
وَهُنَّ نَحْوَ قَوْلِكَ أَنَا قَائِمٌ وَنَحْنُ قَائِمُونَ وَمَا أَشْبَهَ ذلك

„Das Inchoativ ist von zwei Arten: ظَاهِرٌ (ein offenbares Nomen) und مُضْمَرٌ (ein Pronomen). Das offenbare
(Inchoativ) ist das, dessen Erwähnung vorangegangen ist
(§ 46) [wie: زَيْدٌ قَائِمٌ, Zaid (ist) stehend], und die Pronomina sind zwölf an der Zahl: أَنَا etc., wie du sagst:
انا قائم, (ich (bin) stehend), und: نَحْنُ قَائِمُونَ (wir (sind)
stehend), und was dem ähnlich ist.“

48. س . قَدْ عَرَفْتَ أَنَّ الْمُبْتَدَأَ قِسْمَانِ فَهَلِ ٱلْخَبَرُ كذلك

„Du weisst nun, dass das Inchoativ von zwei Arten
ist; ist also das Praedicat (auch) demgemäss?“

ج . الْخَبَرُ قِسْمَانِ [أَيْضًا] مُفْرَدٌ وَغَيْرُ مُفْرَدٍ فَالْمُفْرَدُ
نَحْوُ قَوْلِكَ زَيْدٌ قَائِمٌ وَغَيْرُ الْمُفْرَدِ أَرْبَعَةُ أَشْيَآءَ [الْجَارُّ]
وَالْمَجْرُورُ نَحْوُ زَيْدٌ فِى الدارِ وَالظَّرْفُ نَحْوُ زَيْدٌ عِنْدَكَ وَالْفِعْلُ
مَعَ فَاعِلِهِ نَحْوُ زَيْدٌ قَامَ أَبُوهُ وَالْمُبْتَدَأُ مَعَ خَبَرِهِ نَحْوُ زَيْدٌ
جَارِيَتُهُ ذَاهِبَةٌ

„Das Praedicat besteht [ebenfalls] aus zwei Arten: einem **Einzelwort***) und einem **zusammengesezten** (= Saz). Das **Einzelwort** ist wie deine Rede: زَيْدٌ قَائِمٌ (Zaid (ist) stehend)**) und das **zusammengesezte** ist aus vier Sachen (zusammengesezt): (1) aus [dem Ziehenden und] dem **Gezogenen** (i. e. der Praeposition und dem von ihr regierten Nomen) z. B. زَيْدٌ فِى الدَّارِ Zaid ist in dem Hause); (2) aus dem **Gefäss** (d. h. einer den **Ort** oder die **Zeit** anzeigenden Praeposition mit einem Suffix oder Nomen), z. B. زَيْدٌ عِنْدَكَ ***) (Zaid ist bei dir); (3) aus dem **Verbum mit seinem Activ-Subjecte**, z. B. زَيْدٌ قَامَ أَبُوهُ (Zaid, es stand sein Vater = der Vater

---

*) مُفْرَدٌ erklärt hier Azharî durch: مَا لَيْسَ بِجُمْلَةٍ, also Einzelwort, im Gegensaz zu غَيْرُ مُفْرَدٍ, einem Saz.

) Es ist wohl zu beachten, dass die **Verbalderivativa (wie das Participium activi und passivi), die **verbalartigen Adjectiva** und **Elativa** ein Pronomen (als فَاعِلٌ) in sich schliessen, wenn sie nicht ein (folgendes) Substantiv in den Nominativ sezen; قَائِمٌ ist daher = قَائِمٌ هُوَ. So die Alfiyyah, V. 121. De Sacy, II, p. 512, Anm. wäre darnach zu berichtigen.

***) Die Säze 1 und 2 würden wir als **einfache** betrachten, im Arabischen aber ist nach زَيْدٌ das Verbum كَانَ zu supponiren; dadurch wird (كَانَ) عِنْدَكَ und (كَانَ) فِى الدَّارِ zu einem **Verbalsaz**, welcher als solcher das Praedicat des Inchoativ زَيْدٌ ist. Supponirt man aber كَائِنٌ etc., wie einige Grammatiker wollen, so ist das Praedicat ein Einzelnomen. Cf. Alfiyyah, V. 123, Com.

des Zaid stand), (4) dem Inchoativ mit seinem
Praedicat, z. B. زَيْدٌ جَارِيَتُهُ ذَاهِبَةٌ Zaid, seine Sclavin
geht fort = die Sclavin des Zaid geht fort).‟

Das Beispiel (1) ist nicht gut gewählt; das فى الدار
ist allerdings ein جَارٌّ وَمَجْرُورٌ, aber zugleich auch ظَرْفٌ,
wie im zweiten Beispiele. Unter ظَرْفٌ begreifen die arab.
Grammatiker einen Ausdruck der Zeit und des Orts
(ظَرْفُ زَمَانٍ und ظَرْفُ مَكَانٍ) und ein Saz, dessen Praedicat
ein von einer Praeposition abhängiges Nomen loci (oder
Pronominal-Suffix) ist, wird جُمْلَةٌ ظَرْفِيَّةٌ genannt, während
ein Saz, dessen Praedicat eine nicht locale Verhältnisse
ausdrückende Praeposition mit ihrem Genetiv ist, جُمْلَةٌ
جَارِيَةٌ مَجْرَى ٱلظَّرْفِيَّةِ (ein Saz gehend den Gang des Local-
sazes) genannt wird. In (3) ist زَيْدٌ Inchoativ und sein
Praedicat قَامَ أَبُوهُ, welches selbst wieder ein Verbalsaz ist;
der Saz als Ganzes ist daher zusammengesezt, ähnlich dem
vierten, in welchem das Praedicat ein Nominalsaz ist. Solche
Säze werden: جُمْلَةٌ ذَاتُ ٱلْوَجْهَيْنِ (Saz mit zwei Gesich-
tern) genannt.

بَابُ ٱلْعَوَامِلِ ٱلدَّاخِلَةِ عَلَى ٱلْمُبْتَدَإِ وَٱلْخَبَرِ

Von den Regentia, welche dem Inchoativ und
Praedicat vorgesezt werden.

49. ‌س. اخبرنى ما هى العوامل الداخلة على المبتدا والخبر

„Sage mir, was sind die Regentia, die dem Inchoativ und dem Praedicate vorgesezt werden?"

ج . هى ثَلَثَةُ أَشْيَاءَ كَانَ وَأَخَوَاتُهَا وَإِنَّ وَأَخَوَاتُهَا
وَظَنَنْتُ وَأَخَوَاتُهَا

„Es sind das drei Dinge: كَانَ und seine Schwestern, إِنَّ und seine Schwestern und ظَنَنْتُ und seine Schwestern."

Es ist nicht zu übersehen, dass im folgenden, wo von den عَوَامِلُ die Rede ist, die vor das Inchoativ und das Praedicat treten, das Inchoativ (das ja von keinem عَامِلٌ abhängen darf, cf. § 46) als solches abolirt wird (grammatisch, wenn auch nicht logisch).

Man nennt es daher, wenn ihm die nachbenannten Verba oder Partikeln voranstehen, اِسْمُ كَانَ, das Nomen von كَانَ, اِسْمُ إِنَّ, das Nomen von إِنَّ etc. Das Praedicat: خَبَرُ إِنَّ, خَبَرُ كَانَ etc. Sie werden unter dem Worte النَّوَاسِحُ, die Abrogativa, zusammengefasst; die grammatische Veränderung heisst: التَغِييرُ ٱللَّفْظِىُّ . Es ist daher ungenau, wenn in der Bairûter Ausgabe im Texte (§ 50) steht: كَانَ تَرْفَعُ المبتدا, denn nach كَانَ kann kein eigentliches مبتدأً stehen; die richtige Lesart ist الاسْمَ, die auch Azharî hat.

Ibn ʔAqîl sagt ausdrücklich in seinem Commentar zur Alfiyyah (zu Vers 143—46) لَمَّا فَرَغَ مِن الكلام على المبتدا

والخبر شَرَعَ فى ذِكْرِ نَوَاسِخِ الابتداءِ وهى قِسْمَانِ افعالٌ
وحروفٌ "Nachdem er das Inchoativ und das Praedicat ab-
solvirt hat, fängt er an die Wörter zu erwähnen, welche
die Inchoativ-Stellung aufheben, und das sind zwei
Classen: Verba und Partikeln."

اِسْمُ كَانَ وَأَخَوَاتِهَا

5) Das Nomen von كَانَ und seinen Schwestern.

‎.50 س. أَوْضِحْ لِى أَوَّلًا مَا هو عَمَلُ كَانَ وَأَخَوَاتِهَا وكم هى
"Seze mir zuerst auseinander, was die Rection von
كَانَ und seinen Schwestern ist und wie viel deren sind?"

ج. فامّا كَانَ واحواتُهَا فإنَّهَا تَرْفَعُ الآسْمَ وتَنْصِبُ
الخبَرَ وهى [ثَلَثَةَ عَشَرَ فِعْلًا] كَانَ وَأَمْسَى وَأَصْبَحَ وَأَخْنَى
وظَلَّ وبَاتَ وصَارَ وليَسَ ومَا زَالَ ومَا آنْفَكَّ ومَا فَتِئَ وما
بَرِحَ وما دَامَ وما تَصَرَّفَ مِنْهَا نحو كَانَ ويكُونُ وَكُنْ
وَأَصْبَحَ ويُصْبِحُ وَأَصْبِحْ [وهذه أَمْثِلَتُهَا

مِثَالُ كَانَ   كَانَ زَيْدٌ قَائِمًا

مثال أَمْسَى   أَمْسَى زَيْدٌ سَاهِرًا

مثال أَصْبَحَ   أَصْبَحَ الْبَرْدُ شَدِيدًا

مثال أَخْنَى   أَخْنَى الْفَقِيهُ وَرِعًا

مثال ظَلَّ   ظَلَّ بَكْرٌ سَائِرًا

مثال بَاتَ   بَاتَ زَيْدٌ قَارِئًا

مثال صَارَ   صَارَ ٱلطِّينُ إِبْرِيقًا

مثال لَيْسَ   لَيْسَ زَيْدٌ زَاهِدًا

مثال ما زَالَ   مَا زَالَ عَمْرٌو فَاضِلًا

مثال مَا ٱنْفَكَّ   مَا ٱنْفَكَّ زَيْدٌ نَاسِكًا

مثا ما فَتِئَ   ما فَتِئَ زَيْدٌ صِدِّيقًا

مثال مَا بَرِحَ   ما بَرِحَ ٱلْآثِمُ مَكْرُوهًا

مثال مَا دَامَ   مَا دَامَ ٱللّٰهُ مَوْجُودًا

„Was كَان und seine Schwestern betrifft, so sezen sie das Nomen in den **Nominativ** und das Praedicat in den **Accusativ**, und das sind (dreizehn Verba): (1) كَان (sein), (2) أَمْسَى (am Abend sein), (3) أَصْبَح (am frühen Morgen sein), (4) أَضْحَى (am Vormittag sein), (5) ظَلَّ (während des Tages sein), (6) بَاتَ (bei Nacht sein), (7) صَارَ (werden zu etwas), (8) لَيْسَ (nicht sein), (9) مَا زَالَ (nicht aufhören), (10) مَا ٱنْفَكَّ (nicht aufhören), (11) مَا فتِئَ (nicht aufhören), (12) مَا بَرِحَ (nicht ablassen, aufhören), (13) مَا دَامَ (so lange — währt, bleibt), und das

Flectirte von ihnen, wie: كَانَ , يَكُونُ und كُنْ , und أَصْبَحَ ,

يُصْبِحْ und أَصْبِحْ. [Folgendes sind Beispiele davon:

Zaid war stehend.	Beispiel mit	كَانَ (1)
Zaid war des Abends wachend.	,, ,,	أَمْسَى (2)
Die Kälte war des Morgens früh heftig.	,, ,,	أَصْبَحَ (3)
Der Rechtsgelehrte enthielt sich während des Vormittags von unerlaubten Dingen.	,, ,,	أَضْحَى (4)
Bakr reiste während des Tages (brachte den Tag damit zu).	,, ,,	ظَلَّ (5)
Zaid las während der Nacht.	,, ,,	بَاتَ (6)
Der Lehm wurde zu einem Kruge.*)	,, ,,	صَارَ (7)
Zaid war nicht enthaltsam.	,, ,,	لَيْسَ (8)
ʒAmr hörte nicht auf vortrefflich zu sein.	,, ,,	مَا زَالَ (9)
Zaid hörte nicht auf Gott ergeben zu sein.	,, ,,	مَا ٱنْفَكَّ (10)
Zaid hörte nicht auf wahrhaftig zu sein.	,, ,,	مَا فَتِئَ (11)
Der Sünder hört nicht auf verhasst zu sein.	,, ,,	مَا بَرِحَ (12)
So lang als Gott existirt.]"	,, ,,	مَا دَامَ (13)

---

*) إِبْرِيقٌ) ein Wasserkrug mit einer langen, dünnen Schnauze und einer Handhabe, wie man sie in Aegypten macht.

5

كَانَ und seine Schwestern, welche den concreten Begriff des Seins, Existirens involviren, werden darum
أَفْعَال نَاقِصَة, unvollständige Verba*) genannt, weil
sie, um einen vollständigen Sinn zu geben, einer Ergänzung
durch ein Attribut bedürfen, das sie in den Accusativ
stellen. Diese Verba zerfallen (nach Ibn ꜥAqîl's Commentar
zur Alfiyyah, V. 143 – 146) in zwei Classen: 1) solche,
welche diese Rection haben ohne Bedingung (بِلَا شَرْطٍ),
nämlich: كَانَ, لَيْسَ, صَارَ, أَمْسَى, أَصْبَحَ, أَضْحَى, بَاتَ,
ظَلَّ, und 2) solche, welche sie nur bedingungsweise
haben; diese lezteren sind wieder · von zweierlei Art:
a) solche, bei deren Rection es zur Bedingung gemacht
wird, dass ihnen eine Negation, dem Wort oder Sinne
nach, oder etwas einer Negation ähnliches, vorangehe,
und das sind die vier Verba: اِنْفَكَّ, فَتِئَ, بَرِحَ, زَالَ;
b) dasjenige, bei dessen Rection es zur Bedingung gemacht
wird, dass ihm das sogenannte **) مَا الْمَصْدَرِيَّة الظَّرْفِيَّة,

---

*) كَانَ wird im Arabischen auch als Verbum substantivum ge-
braucht und dann كَانَ التَّامَّة (das vollständige كَانَ) genannt; in
diesem Falle übt es keine Rection aus.

**) Das مَا مَصْدَرِيَّة ist مَا mit einem Verbum finitum im
Sinne eines Infinitivs, (so dass مَا دَامَ statt دَوَام steht). Zugleich
aber ist es hier مَا ظَرْفِيَّة, das eine Zeit bezeichnende mā, (also:
مَا دَامَ = مَا دَوَام في دَوَام oder مُدَّة دَوَام), zum Unterschied von مَا,
das im Sinne von أَنْ steht (cf. De Sacy, I, p. 541).

das Maṣdar- und ảarf-artige mā, vorangehe, und das
ist دَامَ.

Zu den Schwestern von كَانَ gehört auch لَيْسَ. Wie
لَيْسَ werden auch die Negativpartikeln مَا, لَا (لَاتَ), und
theilweise إِنْ) unter gewissen Bedingungen construirt;
cf. Alfiyyah V. 158; 162.

خَبَرُ إِنَّ

6) Das Praedicat von إِنَّ.

51. س. قد عرفتَ كَانَ وَأَخَوَاتِهَا وَكَيْفِيَّةَ عَمَلِهَا فَاخبرنى

ما هو عَمَلُ إِنَّ وَأَخَوَاتِهَا وكم هى

„Du kennst nun كَانَ und seine Schwestern und die
Art und Weise ihrer Rection, so lasse mich nun wissen,
was die Rection von إِنَّ und seiner Schwestern ist, und
wie viel deren sind?"

ج. وَأَمَّا إِنَّ وَأَخَوَاتُهَا فَإِنَّهَا تَنْصِبُ ٱلِاسْمَ وتَرْفَعُ

الخَبَرَ وهى [سِتَّةُ أَحْرُفٍ] إِنَّ وأَنَّ ولَكِنَّ وكَأَنَّ ولَيْتَ وَلَعَلَّ

[وهذه أَمْثِلَتُها

مِثَالُ إِنَّ   إِنَّ زَيْدًا قَائِمٌ

مثال أَنَّ   بَلَغَنِى أَنَّ عَمْرًا فَاضِلٌ

مثال لَكِنَّ   قَامَ زَيْدٌ لَكِنَّ عَمْرًا جَالِسٌ

5*

مثال كَأَنَّ   كَأَنَّ زَيْدًا أَسَدٌ

مثال لَيْتَ   لَيْتَ ٱلْجَهُولَ حَكِيمٌ

مثال لَعَلَّ   لَعَلَّ ٱللّٰهَ غَافِرٌ

وَهَكَذَا عَمَلُهَا فِى قَوْلِكَ إِنَّكَ فَاضِلٌ وَلَيْتَكَ مُحْسِنٌ
وَلَعَلَّكَ قَادِمٌ وَمَا أَشْبَهَ ذلك] وَمَعْنَى إِنَّ وَأَنَّ لِلتَّوْكِيدِ
وَكَأَنَّ لِلتَّشْبِيهِ وَلَكِنَّ لِلِٱسْتِدْرَاكِ وَلَيْتَ لِلتَّمَنِّى وَلَعَلَّ
لِلتَّرَاجِى وَالتَّوَقُّعِ

„إِنَّ" und seine Schwestern sezen das Nomen in den
Accusativ und das Praedicat in den Nominativ; es
sind das [sechs Partikeln]: أَنَّ, إِنَّ, لَعَلَّ und لَيْتَ, كَأَنَّ,
لَكِنَّ. [Folgendes sind Beispiele davon:

Fürwahr Zaid (ist) stehend.	Beispiel mit	إِنَّ أَنَّ
Ich habe gehört, dass ꜣAmr vortreff-lich ist.	„ „	
Zaid steht, aber ꜣAmr (ist) sizend.	„ „	لَكِنَّ
Als wenn Zaid ein Löwe wäre.	„ „	كَأَنَّ
Wenn doch der Unwissende weise wäre!	„ „	لَيْتَ
Vielleicht (ist) Gott vergebend.	„ „	لَعَلَّ

Und ebenso ist ihre Rection in deiner Rede*): „für-

---

*) In diesen Beispielen ist das Subject nicht ein اِسْمٌ ظَاهِرٌ,
sondern مُضْمَرٌ.

wahr du (bist) vortrefflich," und: „möchtest du wohl
thun!" und: „vielleicht kommst du an," und was dem
ähnlich ist.] Der Sinn von إِنَّ und أَنَّ (dient) zur Bestätigung, كَأَنَّ zur Vergleichung, لَكِنَّ zur Zu-
rücknahme, لَيْتَ zum Wunsch und لَعَلَّ zur Hoffnung und Erwartung."

ظَنَّ وَأَخَوَاتُهَا *)

ظَنَّ und seine Schwestern.

٥٢. س . بَقِيَ لِى أَنْ تُخْبِرَنِى عَنِ الْقِسْمِ الثَّالِثِ مِنْ هذِهِ
الْعَوَامِلِ وَهُوَ ظَنَنْتُ وَأَخَوَاتِهَا فَمَا هُوَ عَمَلُهَا وَكَمْ هِىَ

„Es bleibt mir noch übrig, dass du mich berichtest
über die dritte Classe dieser Regentia, ظَنَنْتُ und seine
Schwestern. Was ist also die Rection derselben und wie
viel sind ihrer?"

ج . وَأَمَّا ظَنَنْتُ وَأَخَوَاتِهَا فَإِنَّهَا تَنْصِبُ ٱلِٱسْمَ وَٱلْخَبَرَ
عَلَى أَنَّهُمَا مَفْعُولَانِ لَهَا وَهِىَ [عَشَرَةُ أَفْعَالٍ] ظَنَنْتُ وَحَسِبْتُ
وَخِلْتُ وَزَعَمْتُ وَرَأَيْتُ وَعَلِمْتُ وَوَجَدْتُ وَٱتَّخَذْتُ وَجَعَلْتُ
وَسَمِعْتُ تَقُولُ

---

*) Streng genommen gehört dieser Gegenstand nicht hieher und
ist daher auch nicht in der Aufzählung § 39 genannt. Er wird hier
eigentlich mehr als Ausnahme behandelt, da der Verfasser durch
§ 49 veranlasst wurde, ihn unter die عَوَامِلُ zu subsumiren, die das
Mubtada' abrogiren.

مثال ظَنَنْتُ ظَنَنْتُ زَيْدًا قَائِمًا

مثال حَسِبْتُ [حَسِبْتُ بَكْرًا صَادِقًا]

مثال خِلْتُ خِلْتُ عَمْرًا شَاخِصًا

مثال زَعَمْتُ [زَعَمْتُ صِدْقَكَ رَاجِمًا]

مثال رَأَيْتُ رَأَيْتُ زَيْدًا رَاكِضًا

مثال عَلِمْتُ عَلِمْتُ ٱللّٰهَ رَاحِمًا

مثال وَجَدْتُ وَجَدْتُ زَيْدًا مُحْسِنًا

مثال ٱتَّخَذْتُ ٱتَّخَذْتُ ٱللّٰهَ مُعِينًا

مثال جَعَلْتُ جَعَلْتُ ٱلطِّينَ إِبْرِيقًا

مثال سَمِعْتُ سَمِعْتُ ٱلْمُعَلِّمَ شَارِحًا وما اشبه ذلك

„Was ظَنَنْتُ und seine Schwestern betrifft, so stellen
sie das Nomen und das Praedicat in den Accusativ, weil sie
beide objective Complemente derselben sind. Es sind das
(zehn Verba): ظَنَنْتُ (ich halte dafür, glaube), حَسِبْتُ
(ich rechne, achte), خِلْتُ (ich achte, halte dafür), زَعَمْتُ
(ich halte dafür), رَأَيْتُ (ich sehe, sehe an für), عَلِمْتُ
(ich weiss), وَجَدْتُ (ich finde, nehme wahr), ٱتَّخَذْتُ (ich
nehme für mich), جَعَلْتُ (ich mache zu etwas), سَمِعْتُ
(ich höre). Du sagst:

Ich glaube, dass Zaid fortgeht.	Beispiel von	ظَنَنْتُ
[Ich halte Bakr für wahrhaftig.]	,, ,,	حَسِبْتُ
Ich hielt den ؟Amr für starr blickend.	,, ,,	خِلْتُ
[Ich hielt deine Wahrhaftigkeit für überwiegend.	,, ,,	زَعَمْتُ
Ich sah Zaid mit dem Fusse stossen.	,, ,,	رَأَيْتُ
Ich weiss, dass Gott gnädig ist.	,, ,,	عَلِمْتُ
Ich finde, dass Zaid schön handelt.	,, ,,	وَجَدْتُ
Ich nehme mir Gott zum Helfer.	,, ,,	اتَّخَذْتُ
Ich machte den Lehm zu einem Krug.	,, ,,	جَعَلْتُ
Ich hörte den Lehrer erklären,]	,, ,,	سَمِعْتُ

und was dem ähnlich ist."

Die vorstehende Liste ist keineswegs vollständig. Man theilt diese Gattung gewöhnlich in zwei Classen: 1) أَفْعَالُ الْقَلْبِ (Verba des Herzens, die eine innerlich vor sich gehende Handlung impliciren) oder أَفْعَالُ الشَّكِّ وَالْيَقِينِ (Verba des Zweifels und der Gewissheit) und 2) أَفْعَالُ التَّحْوِيلِ (Verba der Verwandlung). Diese Verba regieren zwei Accusative (als objective Complemente), die zu einander im Verhältnisse des Subjects und Praedicats stehen; das erste objective Complement (das Subject) wird اَلْمَفْعُولُ الْأَوَّلُ genannt, das zweite (das Praedicat des ersten) اَلْمَفْعُولُ الثَّانِى. Bei den Verbis des äusseren Sinnes (أَفْعَالُ

ٱلْحَسّ)‎, wie رَأَى‎, sehen, وَجَدَ‎ finden, kann der zweite Accusativ auch حَال‎ sein, wie: رَأَيْتُكَ نَائِمًا‎, ich sah dich schlafend (im Zustande eines schlafenden).

ٱلتَّوَابِعُ

7) Die Apposita.

53. س. اخبرنى ما هى التوابع

„Lasse mich wissen, was die Apposita sind?"

ج . [التوابع هى كلُّ ثَانٍ تَبِعَ ما قَبْلَهُ فى اعرابِهِ

وهى النعتُ والعطفُ والتَّوْكيدُ والبَدَلُ]

„Die Apposita sind jedes zweite (Wort), welches dem, was vor ihm ist, in seiner Flexion folgt. Diese sind die Beschreibung (das Qualificativ), die Anlehnung, die Corroboration und das Permutativ.]"

تَابِعٌ‎, folgend, apponirt; das Wort, dem apponirt wird, heisst مَتْبُوعٌ‎.

a) ٱلنَّعْتُ

54. س. اخبرنى ما هو النعت

„Lasse mich wissen, was die Beschreibung ist?"

ج . النعتُ تَابِعٌ لِمَنْعُوتِهِ فى رَفْعِهِ [إِن كان المنعوتُ

مَرْفُوعًا] ونَصْبِهِ [إِن كان مَنْصُوبًا] وخَفْضِهِ [إِن كان

خفوضًا] وتَعْريفِهِ [إِن كان مَعْرِفةً] وتَنْكيرِهِ [إِن كان

نَكِرَةً] . تَقُولُ [فى الرفع] قَامَ زَيْدٌ ٱلعَاقِلُ [وفى النَصْبِ] رَأَيْتُ
زَيْدًا ٱلعَاقِلَ [وفى الخَفْضِ] مَرَرْتُ بِزَيْدٍ العَاقِلِ

„Die Beschreibung ist ein (Wort), das seinem be-
schriebenen (dem Substantiv) in seinem Nominativ folgt
[wenn das beschriebene im Nominativ steht], und in seinem
Accusativ [wenn es im Accusativ steht], und in seinem
Genetiv [wenn es im Genetiv steht], und in seiner Determination [wenn es ein determinirtes Nomen ist], und in
seiner Indetermination [wenn es indeterminirt ist]. Du
sagst [im Nominativ]: der verständige Zaid stand; [und im
Accusativ]: ich sah den verständigen Zaid; [und im Gene-
tiv]: ich gieng an dem verständigen Zaid vorüber.“

Nach § 39 würde es sich hier nur zunächst um die
Apposition im Nominativ handeln. Der Verfasser aber
nimmt hier gleich die Apposition im weiteren Sinne, was
ihn denn auch auf die Determination (تَعْرِيفٌ) und Indetermination (تَنْكِيرٌ) führt. Das determinirte Nomen
heisst اِسْمُ مَعْرِفَةٍ (oder bloss مَعْرِفَةٌ) und das indeterminirte:
اِسْمُ نَكِرَةٍ (oder bloss نَكِرَةٌ).

55. س. اخبرنى ما هى المعرفة وكم هى

„Sage mir, was das determinirte Nomen ist und wie
viel es deren gibt?“

ج . المعرفة [ما وُضِعَ لِيَدُلَّ على شَىْءٍ بِعَيْنِهِ وهى]
خَمْسَةُ أَشْيَآءَ الآسْمُ المُضْمَرُ نَحْوُ أَنَا وأَنْتَ والاسمُ ٱلعَلَمُ
نَحْوُ زَيْدٍ ومَكَّةَ والاسمُ ٱلمُبْهَمُ نَحْوُ هَذَا وهَذِهِ وهَوُلَآءِ

وَالاسْمُ ٱلَّذِى فِيهِ ٱلْأَلِفُ وَٱللَّامُ نَحْوُ ٱلرَّجُلِ وَٱلْغُلَامِ وَمَا

أُضِيفَ اِلَى وَاحِدٍ مِنْ هَذِهِ ٱلْأَرْبَعَةِ [نَحْوُ غُلَامِى وَغُلَامِ زَيْدٍ

وَغُلَامِ هَذَا وَغُلَامِ الرجلِ

„Das determinirte Nomen [ist das, was gesezt
wird nm auf eine Sache selbst hinzuweisen, und das sind]
fünf Dinge: (1) das Pronomen, wie: ich, du. (2) Das
Nomen proprium, wie: Zaid, Makkah. (3) Das vage
Nomen (Demonstrativa), wie: dieser, diese, diese (Pl.).
(4) Das Nomen, an welchem das Alif und Lām (= der
Artikel al) ist, wie: der Mann, der Sclave.*) Und
(5) das was an eines von diesen vieren annectirt
wird [wie: غُلَامِى, mein Sclave, غُلَامُ زَيْدٍ, der Sclave des
Zaid, غُلَامُ هَذَا, der Sclave von diesem, und: غُلَامُ الرجلِ,
der Sclave des Mannes].“

56. س. مَا مَعْنَى قَوْلِكَ مَا أُضِيفَ اِلَى وَاحِدٍ مِنْ هَذِهِ

الاربعةِ

„Was ist der Sinn deiner Worte: „was an eines von
diesen vieren annectirt wird?“

ج. [اِعْلَمْ أَنَّ كُلَّ نَكِرَةٍ أُضِيفَتْ اِلَى احدٍ هذه الانواعِ

الاربعةِ تَصِيرُ معرفةً باضافتها اليها فَغُلَامٌ مَثَلًا نَكِرَةٌ فَإِنْ

أَضَفْتَهُ اِلَى الضميرِ وقُلْتَ غُلَامِى صارَ مَعْرِفَةً وهكذا إِنْ

---

*) Die Relativa (cf. Alfiyyah, V. 53, Almuf. p. 81, L. 2 von unten)
sind in der Aufzählung übergangen.

أَضَفْتَهُ اِلَى العَلَمِ كَقَولِكَ غُلَامُ زَيدٍ اَو اِلَى آسِمِ الاشارةِ كَقَولِكَ

غُلَامُ هَذَا اَو اِلَى المُعَرَّفِ بِالالفِ وَاللّامِ كَقَولِكَ غُلَامُ الرجُلِ

فَتَرَاهُ فِى جِميعِ هَذِه الامثلةِ مَعرِفةً لاضَافتِهِ اِلَى المعارِفِ]

[„Wisse, dass ein jedes indeterminirte Nomen, welches
an eines dieser vier Arten annectirt wird, determinirt wird
durch seine Annexion an dasselbe. غُلَامُ zum Beispiel ist
ein indeterminirtes Nomen; wenn du es nun an das Pronomen annectirst, und sagst: غُلَامِى, *) so wird es determinirt. Ebenso wenn du es an das Nomen proprium annectirst, wie du sagst: غُلَامُ زَيدٍ (der Sclave des Zaid);
oder an ein Demonstrativum, wie du sagst: غُلَامُ هَذَا
(der Sclave von diesem), oder an das durch den Artikel
determinirte, wie: غُلَامُ الرجلِ (der Sclave des Mannes).
Du siehst also, dass es in all diesen Beispielen determinirt
ist wegen seiner Annexion an die determinirten Nomina.]"

Das Nomen, das durch ein anderes näher bestimmt
wird, wird demselben annectirt und verliert in Folge davon, wenn es ein مُنْصَرِف ist, sein Tanvīn; es heisst darum:
المُضَافُ, das Annectirte, und das bestimmende, in den
Genetiv gesetzte المُضَافُ إِلَيْهِ, das, an welches annectirt wird; das Verhältniss zwischen beiden: آلاِضَافَةُ,
die Annexion.

---

*) Das Pronomen suffixum steht logisch im Genetivverhältnisse.

57. س. بَقِىَ لِى أَنْ تُخبِرنِى ما هِى النَّكِرَةُ

„Es bleibt mir noch übrig, dass du mir sagest, was
das indeterminirte Nomen ist?“

ج. النَّكِرَةُ كُلُّ ٱسْمٍ شائِعٍ فِى جِنسِهِ لَا تَخْتَصُّ بِهِ وَاحِدٌ

دُونَ آخَرَ [كَرَجُلٍ فَإِنَّهُ ٱسْمٌ شائِعٌ فِى جِنسِ الرِّجالِ يُطْلَقُ

عَلى كُلِّ فَرْدٍ مِنْهُمْ وَلَا يَخْتَصُّ بِهِ وَاحِدٌ دُونَ غَيْرِهِ] وَتَقْرِيبُهُ

كُلُّ مَا صَلَحَ دُخُولُ ٱلْأَلِفِ وَاللَّامِ عَلَيْهِ نَحْوُ الرِّجلِ وَالفَرَسِ

„Das indeterminirte Nomen ist ein Nomen, das
unter seiner Gattung allgemein bekannt ist und womit kein
einzelner specieller bezeichnet wird als ein anderer [wie:
رَجُلٌ, ein Mann; denn dies ist ein Nomen, das unter der
Gattung „Männer“ allgemein bekannt ist und auf jeden
einzelnen von ihnen bezogen wird, keinem in einem spe-
cielleren Masse beigelegt wird als einem anderen]; und um
es zusammenzufassen: ein jedes Nomen, dem der Artikel
vortreten darf, wie: الرِّجلُ (der Mann), الفَرَسُ (das Pferd).

b) اَلْعَطْفُ

58. س. ما هُوَ العَطْفُ

„Was ist die Anlehnung?“

ج. [هُوَ إِتْباعُ الثَّانِى لِإِعرابِ الاوّلِ بِوَاسِطَةِ حَرْفٍ مِن
حُرُوفِ ٱلْعَطْفِ]

[„Es ist das, dass man das zweite Wort der Flexion
des ersten folgen lässt vermittelst einer von den Partikeln
der Anlehnung].“

س . ٥٩. ما هى حُرُوفُ ٱلعطف وكَمْ هى

„Was sind die Partikeln der Anlehnung und wie
viel sind ihrer?"

ج . حروف العطَفِ عَشَرَةٌ وهى الواوُ والفَآءُ وثُمَّ وأَوْ
وأَمْ وإِمَّا وبَلْ ولَا ولَكِنْ وحَتَّى فى بَعْضِ المَوَاضِعِ فَإِنْ
عَطَفْتَ بِها على مَرْفُوعٍ رَفَعْتَ [المَعْطُوفَ] نَحوَ جَآءَ زَيْدٌ
وعَمْرٌو أَوْ على مَنْصُوبٍ نَصَبْتَهُ نَحوَ رَأَيْتُ زَيْدًا وعَمْرًا أَوْ
على مَخْفُوضٍ خَفَضْتَهُ نَحوَ مَرَرْتُ بِزَيْدٍ وعَمْرٍو أَوْ على مَجْزُومٍ
جَزَمْتَهُ [نَحوَ لَمْ يَقُمْ ويَذْهَبْ زَيْدٌ وهكذا حُكْمُ ٱلبَقِيَّةِ]

„Die Partikeln der Anlehnung sind zehn, nämlich das
Vāv (وَ), das Fā (فَ), ثُمَّ (dann), أَوْ (oder), أَمْ (oder, in der
Doppelfrage), إِمَّا (oder, sei es), بَلْ (vielmehr), لَا (nicht),
لَكِنْ (sondern), حَتَّى an einigen Orten (wenn es im Sinne
von „sogar" steht). Wenn du also mit diesen an ein im Nominativ stehendes Wort anlehnst, so sezest du [das angelehnte]
in den Nominativ, wie: es kam Zaid und ʔAmr; oder an ein
im Accusativ stehendes Wort, so sezest du es in den Accusativ, wie: ich habe Zaid und ʔAmr gesehen; oder an ein
im Genetiv stehendes Wort, so sezest du es in den Genetiv,
wie: ich gieng an Zaid und ʔAmr vorüber; oder an ein im
Modus jazmatus stehendes (Verbum), so sezest du (das angelehnte Verbum) in den Modus jazmatus, [wie: Zaid stund
nicht auf und gieng (nicht), und ebenso verhält es sich
mit den übrigen.]"

Der Verfasser spricht hier nur von der عَطْفُ ٱلنَّسَقِ,

der Anlehnung der Anreihung (welche durch die
oben erwähnten Partikel stattfindet) und lässt die عَطْفُ
البَيَانِ, die Anlehnung der Erklärung (welche
asyndetisch geschieht, indem man einem Nomen ein anderes
unmittelbar zur näheren Bestimmung beifügt) unerwähnt.
Das angelehnte Nomen heisst المَعْطُوفُ und das ihm (oder
der Conjunctiv-Partikel) vorangehende المَعْطُوفُ عَلَيْهِ, das,
an welches angelehnt wird.

Man theilt die Conjunctiv-Partikeln in zwei Classen
(nach dem Commentar Ibn ꜣAqîl's zur Alfiyyah V. 541):
1) in solche, welche ganz allgemein (مُطْلَقًا) dem Wort
und Sinne nach (لَفْظًا وحُكْمًا) verbinden, wie وَ, فَ, ثُمَّ,
حَتَّى, أَمْ, أَوْ; über إِمَّا (das zweite im Saze) sind die
Grammatiker nicht ganz einig, ob es als Conjunctiv-Partikel
zu fassen ist, da noch وَ vor dasselbe tritt *) und eine Conjunctiv-Partikel nicht vor die andere treten könne; und
2) in solche, welche nur dem Worte nach (= äusser-
lich) verbinden, wie: بَل, لَا und لَكِنْ, die das zweite
(Nomen) zwar mit dem ersten in seiner Flexion verbinden, aber nicht dem Sinne nach.

Ueber den Gebrauch dieser Conjunctionen mögen die
folgenden Bemerkungen in etwas orientiren. وَ ist allgemeine Verbindungspartikel und reiht etwas an, was das
vorangehende nicht entbehren kann. فَ dient zur An-

---

*) Nur in der Poësie wird vor dem zweiten إِمَّا das وَ manch-
mal ausgelassen.

ordnung in der Verbindung nach temporalem oder
causalem Zusammenhang; ثُمَّ reiht etwas temporell
mehr fernstehendes an. أَوْ dient zur Auswahl, Eintheilung oder Ungewissheit; أَمْ verbindet das zweite
Sazglied in der Doppelfrage mit dem ersten, bei dem das
fragende Hamzah (أ) auch fehlen kann. إِمَّا (eigentlich
وَإِمَّا), dem ein anderes إِمَّا vorangeht, hat den Sinn von
أَوْ und dient, wie dasselbe, zur Auswahl, Eintheilung
oder Ungewissheit. بَلْ steht nach einer Negation
oder Prohibition und sezt an die Stelle des Negirten
oder Prohibirten etwas Positives, die Rede dadurch
gleichsam corrigirend (= imo); ganz dieselbe Bedeutung
und Stellung hat لكِنْ, nur dass es den Gegensaz noch
schärfer hervorhebt. لَا wird von den arabischen Grammatikern auch als Verbindungs-Partikel behandelt nach
einem Vocativ (wie: يَا زَيْدُ لَا عَمْرٌو), nach einem Imperativ (wie: اضْرِبْ زَيْدًا لَا عَمْرًا) und nach einer affir-
mativen Aussage (wie: جَاءَ زَيْدٌ لَا عَمْرٌو). حَتَّى (ursprünglich eine den Genetiv regierende Praeposition s. § 3)
verbindet einen Theil mit seinem Ganzen bis zur
äussersten Grenze der Vermehrung oder Verminderung
(bis zu —), unterscheidet sich aber als عَاطِفَة dadurch
von der Praeposition, dass es keine Rection auf das folgende
Nomen ausübt. Dass حَتَّى auch eine den Subjunctiv
regierende Conjunction ist, ist § 36 gezeigt worden.

c) اَلتَّوْكِيدُ

س . ٦٠ ما هو التوكيد

„Was ist die Corroboration?“

ج . التوكيدُ تَابِعٌ لِمُوَكَّدِهِ فِى رَفْعِهِ [إِنْ كان مَرْفُوعًا] وَنَصْبِهِ [إِنْ كان مَنْصُوبًا] وَخَفْضِهِ [إِنْ كان مَخْفُوضًا] وَتَعْرِيفِهِ [إِنْ كان مُعَرَّفًا] وَيَكُونُ بِأَلْفَاظٍ مَعْلُومَةٍ

„Die Corroboration ist ein Wort, das seinem Corroborirten in seinem Nominativ folgt [wenn es im Nominativ steht], in seinem Accusativ [wenn es im Accusativ steht], in seinem Genetiv [wenn es im Genetiv steht] und in seiner Determination [wenn es determinirt ist]. Sie wird gebildet durch bekannte Worte.“

اَلتَّوْكِيدُ (oder auch: اَلتَّأْكِيدُ, von اكّد), die Verstärkung; das Corroborativ heisst اَلْمُوَكِّدُ; das Nomen, das verstärkt wird, اَلْمُوَكَّدُ. Die Corroboration ist doppelter Art, entweder لَفْظِى, wörtlich, wenn der ganze Saz oder ein Theil desselben wörtlich wiederholt wird (diese Art wird hier nicht erwähnt); oder مَعْنَوِى, dem Sinne nach, mit der es der Verfasser hier zu thun hat. — Die Grammatiker sind darüber nicht einig, ob ein indeterminirtes Nomen eine Corroboration zu sich nehmen könne; die Basrenser läugnen es, dagegen gestatten es die Kufenser bei einem begrenzten Indeterminirten, wie Tag, Nacht, etc. S. Alfiyyah V. 526.

٦١. س . مَا هِىَ هَذِهِ الالفَاظُ المَعلُومَةُ

„Was sind diese bekannten Worte?"

ج . هِىَ النَّفْسُ والعَيْنُ وكُلٌّ وأَجْمَعُ وتوَابِعُ أَجْمَعَ
وهِى أَكْتَعُ وأَبْتَعُ وأَبْصَعُ تَقُولُ قَامَ زَيْدٌ نَفْسُهُ و رَأَيْتُ القَوْمَ
كُلَّهُمْ ومَرَرْتُ بِالقَوْمِ أَجْمَعِينَ *)

„Es sind das كُلُّ , عَيْنٌ , نَفْسٌ und أَجْمَعُ und die
Analogen von أَجْمَعُ, nämlich: أَكْتَعُ, أَبْتَعُ und أَبْصَعُ. Du
sagst: Zaid stand selbst, und: ich sehe die Leute alle, und:
ich gieng an allen Leuten vorüber."

Man theilt diese Worte in zwei Classen ein, 1) in
نَفْسٌ und عَيْنٌ, die immer mit einem entsprechenden
Pronomen suffixum verbunden den Begriff „selbst" aus-
drücken (die also jede Annahme eines Annexum an das
corroborirte Wort ausschliessen). Beziehen sich diese beiden
Nomina auf ein im Dual oder Plural stehendes Nomen,
so müssen sie im Plural stehen nach der Form أَفْعُل
(also: أَنفُسٌ und أَعْيُنٌ), während das ihnen angehängte
Pronomen, nach der Zahl des مُوَكَّد, im Dual oder Plural
steht. 2) In solche, welche den Begriff der Zusammen-
fassung (الشُّمُولُ) involviren. Diese sind كُلٌّ, كِلَا und
fem. كِلْتَا beide **), عَامَّةٌ und جَمِيعٌ, alle, die im Texte

---

*) Constructio ad sensum.

**) Stat. constr. von كِلَانِ und كِلْتَانِ.

nicht erwähnt sind), welche immer ein dem corroborirten
Worte entsprechendes Pronomen suffixum haben müssen.
Zur Verstärkung der Intention der Zusammen-
fassung (لِتَقْوِيَة قَصْدِ ٱلشُّمُولِ) sezt man nach كُلّ mit
seinem entsprechenden Suffixe auch noch أَجْمَعُ, das mit
dem verstärkten Nomen im Genus, Numerus und Casus
übereinstimmen muss (also: أَجْمَعُ, fem. جَمْعَآءُ; Pl. أَجْمَعُونَ,
fem. جُمَعُ), oder man lässt كُلّ ganz aus und sezt nur
أَجْمَعُ etc., wie es im Texte angegeben ist.

d) ٱلْبَدَلُ

62. س. مَا هُوَ ٱلْبَدَلُ

„Was ist das Permutativ?"

ج. [ٱلْبَدَلُ هُوَ تَابِعٌ يُذْكَرُ بَدَلًا مِمَّا قَبْلَهُ] إِذَا ابدل

اسْمٌ مِنِ اسْمٍ أَوْ فِعْلٌ مِن فِعْلٍ تَبِعَهُ فِى جَمِيعِ إِعْرَابِهِ

[„Das Permutativ ist ein Appositum, das als Permutation für das erwähnt wird, was vor ihm steht.] Wenn
ein Nomen für ein Nomen, oder ein Verbum für ein
Verbum*) substituirt wird, so folgt es ihm in seiner ganzen
Flexion.".

Das Permutativ wird dem Nomen, für welches es substituirt wird (ٱلْمُبْدَلُ مِنْهُ), immer ohne Vermittlung

---

*) Das Permutativ eines Verbums für ein Verbum wird vom Ver-
fasser im Nachfolgenden nicht behandelt. — Siehe darüber in der Alfiyyah V. 572.

(بِلَا وَاسِطَةٍ) apponirt. Das Permutativ tritt eigentlich an die Stelle des logischen Subjects (ist also, so zu sagen, der Hauptbegriff, auf den es ankommt, اَلْمَقْصُودُ بِالنِّسْبَةِ, das durch die Beziehung des Praedicats auf das Subject Intendirte). Das Permutativ steht darum im Gegensaz zum Adjectiv, dem Corroborativ und der erklärenden Anlehnung, weil diese das Subject bloss ergänzen, aber nicht an seine Stelle treten.

63. س. وَهَذَا الْبَدَلُ قِسْمٌ وَاحِدٌ أَمْ أَكْثَرُ

„Und ist dieses Permutativ von (nur) Einer Art oder mehreren?"

ج هُوَ عَلَى أَرْبَعَةِ أَقْسَامٍ بَدَلُ الشَّيْءِ مِنَ الشَّيْءِ [اى بَدَلُ مُسَاوٍ مِنْ مُسَاوٍ لَهُ] نَحْوُ قَامَ زَيْدٌ أَخُوكَ وَبَدَلُ الْبَعْضِ مِنَ الْكُلِّ [اى بَدَلُ شَىْءٍ هُوَ بَعْضُ الْمُبْدَلِ مِنْهُ] نَحْوُ أَكَلْتُ الرَّغِيفَ ثُلْثَهُ وَبَدَلُ الْاِشْتِمَالِ [اى بَدَلُ شَىْءٍ مِمَّا هُوَ مُشْتَمِلٌ عَلَى ذَلِكَ الشَّيْءِ] نَحْوُ نَفَعَنِى زَيْدٌ عِلْمُهُ وَبَدَلُ الْغَلَطِ [اى بَدَلٌ مِنَ اللَّفْظِ الذِى ذُكِرَ غَلَطًا] نَحْوُ رَأَيْتُ زَيْدًا الْفَرَسَ أَرَدْتَ أَنْ تَقُولَ الْفَرَسَ فَغَلَطْتَ وَأَبْدَلْتَ زَيْدًا مِنْهُ

„Es besteht aus vier Arten: (1) بَدَلُ الشَّيْءِ مِنَ الشَّيْءِ, das Permutativ der Sache für die Sache [d. h. ein Permutativ eines Gleichen für ein Gleiches],

6*

wie: es stand Zaid, dein Bruder. (2) بَدَلُ ٱلْبَعْضِ مِنَ

ٱلْكُلّ, das Permutativ des Theils für das Ganze
[d. h. Permutativ einer Sache, die ein Theil des Nomens
ist, für das sie substituirt wird], wie: ich ass den Fladen,
den dritten Theil davon. (3) بَدَلُ ٱلْاِشْتِمَالِ, das Permutativ des Enthaltenseins [d. h. das Permutativ einer
Sache für das, was jene Sache in sich begreift], wie: Zaid
ist mir nützlich gewesen, (nämlich) seine (in ihm enthaltene) Wissenschaft. (4) بَدَلُ ٱلْغَلَطِ, das Permutativ
des Irrthums [d. h. ein Permutativ für das Wort, das
aus Irrthum erwähnt wurde], wie: Ich sah Zaid, das Pferd.
Du wolltest sagen: das Pferd, und irrtest dich dann und
seztest Zaid an seine Stelle."

Statt بَدَلُ ٱلشَّىْءِ مِنَ ٱلشَّىْءِ sagt man auch: بَدَلُ
ٱلْكُلّ مِنَ ٱلْكُلّ, Permutativ des Ganzen für das Ganze.
Ibn Mālik nennt es in der Alfiyyah ٱلْبَدَلُ ٱلْمُطَابِقُ, das
(dem مُبْدَلٌ مِنْهُ) entsprechende Permutativ. (V. 566.)

VII. Capitel.

بَابُ مَنْصُوبَاتِ ٱلْأَسْمَآءِ

Von den Nominibus, die in den Accusativ gesezt werden (müssen).

64. س . كم هى الاسمآء المنصوبة

„Wie viel sind die Nomina, die in den Accusativ gesezt werden?"

ج المنصوبات خَمْسَةَ عَشَرَ وهى المَفْعُولُ بِهِ والمَصْدَرُ
وظَرْفُ ٱلزَّمَانِ وظَرْفُ ٱلمَكَانِ وَٱلحَالُ وَٱلتَّمْيِيزُ وَٱلمُسْتَثْنَى
وَٱسْمُ لَا وَٱلمُنَادَى وخَبَرُ كَانَ وَأَخَوَاتِهَا وَٱسْمُ إِنَّ وَأَخَوَاتِهَا
والمَفْعُولُ مِن أَجْلِهِ والمَفْعُولُ مَعَهُ [ومَفْعُولَا ظَنَنْتُ وأَخَوَاتِهَا]
والتَّابِعُ لِلْمَنْصُوبِ وهو أَرْبَعَةُ أَشْيَآءَ النَّعْتُ والعَطْفُ
والتَّوْكِيدُ والبَدَلُ

„Die Nomina, die in den Accusativ gesezt werden,
sind fünfzehn: (1) ٱلمَفْعُولُ بِهِ, das objective Complement (das, an welchem gehandelt wird); (2) ٱلمَصْدَرُ,
der Infinitiv; (3) ظَرْفُ ٱلزَّمَانِ, das (adverbiale)
Complement der Zeit; (4) ظَرْفُ ٱلمَكَانِ, das (adverbiale) Complement des Orts; (5) ٱلحَالُ, der
Zustands-Ausdruck; (6) ٱلتَّمْيِيزُ, die Specification;
(7) ٱلمُسْتَثْنَى, das Ausgenommene; (8) ٱسْمُ لَا, das
Nomen von لَا; (9) ٱلمُنَادَى, das Angerufene; (10) خَبَرُ
كَانَ وأَخَوَاتِهَا, das Praedicat von كَانَ und seinen
Schwestern; (11) ٱسْمُ إِنَّ وأَخَوَاتِهَا, das Nomen von
إِنَّ und seinen Schwestern; (12) ٱلمَفْعُولُ مِن أَجْلِهِ, das
objective Complement des Motivs (das, um desswillen
gehandelt wird); (13) ٱلمَفْعُولُ مَعَهُ, das objective Complement des Mitseins (das, in Verbindung mit welchem

gehandelt wird); [(14) مَفْعُولَا ظَنَنْتُ وَأَخَوَاتِهَا, die beiden objectiven Complemente von ظَنَنْتُ und seinen Schwestern;] (15) التَّابِعُ لِلْمَنْصُوبِ, das, was dem in den Accusativ gesezten Nomen apponirt wird und das sind v i e r Dinge: die Beschreibung, die Anlehnung, die Corroboration und das Permutativ.‟

Im Texte der Ajrūmiyyah sind zwar f ü n f z e h n Arten der Accusativ-Unterordnung genannt, aber speciell nur v i e r z e h n aufgeführt. Die Bairūter Ausgabe hat daher, um die Zahl voll zu machen, مَفْعُولَا ظَنَنْتُ وَأَخَوَاتِهَا ein-geschaltet, was ganz passend ist. Auch Azharī bemerkt das in seinem Commentar und erklärt die Auslassung da-durch, dass sie schon erwähnt worden seien und dass sie eigentlich zum مَفْعُول بِهِ gehören.

Ad 1) اَلْمَفْعُولُ بِهِ

65. س . مَا هُوَ الْمَفْعُولُ بِهِ

„Was ist das o b j e c t i v e C o m p l e m e n t?‟

ج . هُوَ ٱلِاسْمُ ٱلْمَنْصُوبُ ٱلَّذِى يَقَعُ بِهِ ٱلْفِعْلُ نَحْوَ ضَرَبْتُ زَيْدًا وَرَكِبْتُ ٱلْفَرَسَ

„Es ist das in den Accusativ gesezte Nomen, auf welches die Handlung fällt, wie: ich schlug Zaid, und: ich ritt das Pferd.‟

66. س . وَهٰذَا ٱلْمَفْعُولُ بِهِ قِسْمٌ أَمْ قِسْمَانِ

„Und ist dieses objective Complement von einer oder von zwei Arten?‟

ج . هو قِسْمَانِ ظَاهِرٌ وَمُضْمَرٌ فَالظَّاهِرُ مَا تَقَدَّمَ ذِكْرُه

وَالْمُضْمَرُ قِسْمَانِ مُتَّصِلٌ وَمُنْفَصِلٌ فَالْمُتَّصِلُ اثْنَى عَشَرَ نَحْوُ

قَوْلِكَ ضَرَبَنِي وَضَرَبَنَا وَضَرَبَكَ وَضَرَبَكِ وَضَرَبَكُمَا وَضَرَبَكُمْ

وَضَرَبَكُنَّ وَضَرَبَهُ وَضَرَبَهَا وَضَرَبَهُمَا وَضَرَبَهُمْ وَضَرَبَهُنَّ

وَالْمُنْفَصِلُ اثْنَا عَشَرَ نَحْوُ قَوْلِكَ إِيَّايَ وَإِيَّانَا وَإِيَّاكَ وَإِيَّاكِ

وَإِيَّاكُمَا وَإِيَّاكُمْ وَإِيَّاكُنَّ وَإِيَّاهُ وَإِيَّاهَا وَإِيَّاهُمَا وَإِيَّاهُمْ

وَإِيَّاهُنَّ

„Es ist von zweierlei Art: ein offenbares (spe-
cielles) und pronominales. Das offenbare ist dasjenige, das schon vorher (in den zwei Beispielen § 65) erwähnt worden ist. Das pronominale besteht aus zwei
Arten: dem angefügten und getrennten. Angefügte
(Suffixa) sind es zwölf, wie du sagst: ضَرَبَنِي, er schlug
mich, ضَرَبَنَا, er schlug aus, ضَرَبَكَ, er schlug dich, ضَرَبَكِ,
er schlug dich (fem.), ضَرَبَكُمَا, er schlug euch beide,
ضَرَبَكُمْ, er schlug euch, ضَرَبَكُنَّ, er schlug euch (fem.),
ضَرَبَهُ, er schlug ihn, ضَرَبَهَا, er schlug sie, ضَرَبَهُمَا, er
schlug sie beide, ضَرَبَهُمْ er schlug sie, ضَرَبَهُنَّ, er schlug
sie (fem). Der Getrennten sind es (auch) zwölf, wie du
sagst: إِيَّايَ, mich, إِيَّانَا, uns, etc."

Die Grammatiker nennen auch das an das Wort إِيَّا
(das jezt in der Sprache, wie das hebräische את und das

aethiopische kīyā keinen Sinn mehr für sich hat) angelehnte
Pronomen مُنْفَصِل; streng genommen aber sollte es dann
ضَمِير مَنْصُوب مُنْفَصِل, getrenntes, im Accusativ
stehendes Pronomen heissen. Man gebraucht diese
Form, wenn man, der Emphasis wegen, das pronominale
objective Complement dem Verbum voranstellt, oder wenn
man aus sprachlichen Gründen dem Verbum kein zweites
objectives Suffix anhängen will.

Ad 2) اَلْمَصْدَر

67. س. مَا هُو الْمَصْدَر

„Was ist der Infinitiv?“

ج. الْمَصْدَر هُو الاسم الْمَنْصُوب الّذى يَجِىُّ ثَالِثًا فى

تَصْرِيفِ ٱلْفِعْلِ نَحَو قَوْلِكَ ضَرَبَ يَضْرِبُ ضَرْبًا

„Der Infinitiv ist das in den Accusativ gesezte (Verbal-)
Nomen, welches als dritte in der Flexion des Verbums
vorkommt, wie du sagst: ضَرَبَ, يَضْرِبُ; ضَرْبًا.“

Wenn im Texte gesagt ist, dass das Maṣdar die
dritte Stelle in der Flexion des Verbums einnehme, so
bezieht sich dies auf die Weise, wie die Flexion eines
Verbums angedeutet zu werden pflegt. Man gibt zuerst
das Perfect an (ضَرَبَ), dann das Imperfect (يَضْرِبُ)
und dann den Infinitiv (ضَرْبًا). Das Maṣdar ist ein Verbalnomen (oder schlechthin Infinitiv), indem es an der
Eigenthümlichkeit des Zeitwortes participirt, mit Ausschluss des Zeitbegriffs. Es bezeichnet also das

Ereigniss oder Factum (اَلْحَدَثُ). Unter dem iu den
Accusativ gesezten مَصْدَر wird hier اَلْمَفْعُولُ ٱلْمُطْلَقُ (das
absolute objective Complement) verstanden. Ein Verbum
finitum *), (trans. sowohl als intrans., stehe es im Activ oder
Passiv) kann sich sein Verbalnomen **) als objectives Complement im Accusativ (adverbialiter) unterordnen. 1) Das
so untergeordnete Verbalnomen (allein und indeterminirt)***) dient zur Verstärkung seines Regens
(لِتَوْكِيدِ عَامِلِهِ); in diesem Falle darf es nur im Singular
angewendet werden (wie: ضَرَبْتُ ضَرْبًا, ich schlug zu, i. e.
heftig). 2) Es dient zur Bezeichnung der Art und Weise
oder der Specification (لِبَيَانِ ٱلنَّوْعِ); in diesem Falle
kann entweder das Verbalnomen ein Attribut zu sich nehmen
(Adjectiv, Demonstrativ, Relativsaz etc., wie: سِرْتُ سَيْرًا
حَسَنًا, ich habe eine schöne Reise gemacht), oder man
ordnet das indeterminirte Verbalnomen der Species (اِسْمُ
ٱلنَّوْعِ, nach der Form فِعْلَةٌ) unter (wie: ضَرَبْتُ ضَرْبَةً,

---

*) Auch das مَصْدَر selbst oder ein Adjectiv kann sich ein
Verbalnomen unterordnen.

**) Statt des Verbalnomens des Verbi finiti kann jedoch auch ein
sinnverwandtes substituirt werden; s. § 68.

***) Dies ist die Regel; in der Alfiyyah steht jedoch auch ein
Beispiel mit dem Artikel (V. 289): اِفْرَحْ ٱلْجَذَلَ freue dich der
Freude, aber offenbar poëtisch für: كُلَّ ٱلْجَذَلِ, da كُلَّ schon
vorangeht.

ich schlug auf eine gewisse Weise). 3) Zur Bezeichnung der Zahl (لِبَيَانِ ٱلْعَدَدِ), wenn das Verbalnomen ein Nomen vicis (ٱسْمُ ٱلْمَرَّةِ, nach der Form فَعْلَةٌ) ist (wie: ضَرَبْتُ ضَرْبَةً, ich schlug einmal). In den beiden lezten Fällen kann das Verbalnomen nach Umständen auch im Dual oder Plural stehen. Stellvertretend für das Masdar kann auch ein Wort stehen, das auf dasselbe hinweist, wie كُلّ und بَعْض, die an das Masdar annectirt werden. In diesem Falle kann, durch den Einfluss von كُلّ und بَعْض, das Verbalnomen auch den Artikel annehmen (wie: جِدّ كُلَّ ٱلْجِدَّ, biete (deinen) ganzen Eifer auf!).

68 س . وَهذا ٱلْمَصْدَرُ قِسْمٌ أَمْ قِسْمَانِ

„Und ist dieser Infinitiv von einer oder zwei Arten?"

ج . هُوَ قِسْمَانِ لَفْظِىٌّ وَمَعْنَوِىٌّ فَإِنْ وَاقَفَ لَفْظُهُ فِعْلَهُ فَهُوَ لَفْظِىٌّ نَحْوُ قَتَلَهُ قَتْلًا وَإِنْ وَاقَفَ مَعْنَى فِعْلِهِ دُونَ لَفْظِهِ فَهُوَ مَعْنَوِىٌّ نَحْوُ جَلَسْتُ قُعُودًا وَقُمْتُ وُقُوفًا

„Er ist von zweierlei Art: wörtlich und dem Sinne nach. Wenn also seine Wortform mit seinem Verbum zusammenfällt, so ist er wörtlich (gebildet), wie: قَتَلَهُ قَتْلًا, er tödtete ihn (gänzlich), und wenn er mit dem Sinn seines Verbums zusammenfällt, ohne dessen Wortform zu haben, so ist er dem Sinne nach (gebildet), wie: جَلَسْتُ قُعُودًا, ich sass (fest); und: قمت وقوفا, ich stand (fest)."

ظَرْفُ ٱلزَمَانِ (Ad 3

69. س . مَا هُو ظَرْفُ ٱلزَمَانِ

„Was ist das (adverbiale) Complement der Zeit?"

ج . ظَرْفُ الزمانِ هو ٱسْمُ الزمانِ المنصوبُ بِتَقْدِيرِ
فى نحوُ اليَوْمَ والْلَّيْلَةَ وغُدْوَةً وبُكْرَةً وسَحَرًا وغَدًا وعَتَمَةً
وصَبَاحًا ومَسَآءَ وأَبَدًا وأَمَدًا وحِينًا وما اشبه ذلك [فهذه
جَمِيعُهَا تُنْصَبُ عَلَى ٱلظَّرْفِيَّةِ تَقُولُ أَتَيْتُ ٱلْيَوْمَ وذَهَبْتُ
بُكْرَةً]

„Das (adverbiale) Complement der Zeit ist das Nomen
der Zeit, das in den Accusativ gesetzt wird durch Supposition von ﻓﻰ, wie: ٱلْيَوْمَ, heute, ٱلْلَّيْلَةَ, heute Nacht,
غُدْوَةً, früh Morgens, بُكْرَةً, früh Morgens *), سَحَرًا**), in

---

*) Im Neuarabischen bedeutet بُكْرَة morgen (cras), syn. von
غَدًا (γádā).

**) Zu سَحَرًا bemerkt Azharī, dass man es mit Tanvīn seze, wenn
man nicht die Morgendämmerung desselben Tages damit bezeichnen
wolle (d. h. wenn سَحَر im allgemeinen Sinne gebraucht werde), dagegen ohne Tanvīn, wenn dies der Fall sei. Man sagt also: لَقِيتُهُ
سَحَرًا, ich begegnete ihm in der Morgendämmerung (eines Tages), und:
لقيته سَحَرَ, ich begegnete ihm heute in der Morgendämmerung.
(Hier steht سَحَرَ = الْسَحَرَ).

der Morgendämmerung, غَدًا, morgen (cras), عَتَمَةً, in der
ersten Nachtwache, صَبَاحًا, des Morgens, des Vormittags,
مَسَآءً, des Abends, أَبَدًا in Ewigkeit, für immer, أَمَدًا,
eine Zeit, حِينًا zu einer Zeit, eine Weile, und was dem
ähnlich ist. [Alle diese also werden in den Accusativ gesezt wegen ihrer Eigenschaft als adverbiale Zeitbezeichnungen;
du sagst: ich kam heute, und: ich gieng früh Morgens
weg.]"

Der Ausdruck ظَرْف allgemein genommen, umfasst
beides, die adverbiale Zeit- und Ortsbestimmung, welche
im Sinne von فى steht. Man heisst sie darum auch:
اَلْمَفْعُولُ فِيهِ (das, in dem gehandelt wird).

ظَرْفُ ٱلْمَكَانِ (4 Ad

70.   س . اخبرنى ما هو ظَرْفُ ٱلمكانِ

„Sage mir, was das adverbiale Complement des
Ortes ist?"

ج .   ظَرْفُ المكانِ هو اسمُ المكانِ المنصوبُ بتقديرِ فى
نَحْوُ أَمَامَ وخَلْفَ وقُدَّامَ ووَرَآءَ وفَوْقَ وتَحْتَ وعِنْدَ ومَعَ
وإِزَآءَ وحِذَآءَ وتِلْقَآءَ وهُنَا وثَمَّ وما اشبهَ ذلك [تَقُولُ
جَلَسْتُ أَمَامَ زَيْدٍ وحِذَآءَ عَمْرٍو وتِلْقَآءَ ٱلْبَيْتِ]

„Das (adverbiale) Complement des Ortes ist das Nomen des Ortes, das in den Accusativ gesezt wird im sup-

ponirten Sinne von فِى, wie: أَمَامَ vor, خَلْفَ nach, قُدَّامَ vor,
وَرَآءَ hinter, فَوْقَ oberhalb, تَحْتَ unterhalb, عِنْدَ mit,
مَعَ mit*), إِزَآءَ gegenüber, حِذَآءَ gegenüber, تِلْقَآءَ gegen —
hin, gegenüber, هُنَا hier, ثَمَّ dort, und was dem ähnlich
ist. [Du sagst: ich sass vor Zaid und gegenüber ¿Amr,
und gegenüber dem Haus.]"

Das Nomen der Zeit und des Orts ist entweder flexionsfähig oder flexionsunfähig. Flexionsfähig ist
dasjenige, welches auch nicht als ظَرْف vorkommt (wie:
يَوْم Tag, مَكَان Ort) dasjenige dagegen, was nur als ظَرْف
oder als demselben ähnlich steht, ist flexionsunfähig (wie:
خَلْفَ, أَمَامَ). Das dem ظَرْف ähnliche ist das, was nicht
über den Zeit- und Ortsbegriff (الظَّرْفِيَّة) hinausgeht, ausser
dass es durch مِن in den Genetiv gesezt wird, (wie: مِن
عِنْدِ in dem Saze: خَرَجْتُ مِن عِنْدِ زَيْدٍ, ich gieng von
Zaid hinaus). Die im Texte erwähnten Nomina des Ortes
sind daher (mit Ausnahme von هُنَا und ثَمَّ, welche nur
als Adverbien des Orts gebraucht werden) im Accusativ
des Stat. constr. stehende, jedoch von den Grammatikern
als مَبْنِى betrachtete Worte, welche die Functionen von
Praepositionen ausüben, indem sie einem folgenden Nomen
annectirt werden müssen (d. h. dasselbe im Genetiv re-

---

*) عِنْدَ und مَعَ drücken ein locales Zusammensein aus, dess-
halb werden sie als ظُرُوف ٱلمكاني aufgeführt.

gieren). Die so gebrauchten nennt man vage, unbestimmte
(مُبْهَم) Worte des Ortes. Sie stehen auch, wenn sie
nicht annectirt sind, als Adverbien des Orts im
Nominativ (ohne Nunation, cf. Muf. p. 67, L. 2), wie:
بَعْدُ nachher, تَحْتُ unterhalb, فَوْقُ oberhalb, قَبْلُ vorher;
sie können in diesem Falle auch die Praeposition مِن zu
sich nehmen, ohne ihre Form zu verändern, (weil sie als
Adverbien flexionslos sind), wie: مِن بَعْدُ nachher,
مِن تَحْتُ unterhalb (von unten her), *) etc.; als Praepositionen dagegen müssen sie flectirt werden, wie:
مِن بَعْدِ , مِن تَحْتِ etc.

Ad 5) الْحَالُ

71. س. ما هو الحَالُ

„Was ist der Zustands-Ausdruck?“

---

*) Nach dem Mufass. p. 67, L. 7 sqq. stehen sie undeclinirbar
auf u, wenn nach ihnen eine Annexion (dem Sinne, nicht der Wortform
nach) intendirt ist, wenn aber nicht (d. h. wenn sie absolut stehen, so
dass ihr إِلَيْهِ مُضَافْ ausgelassen und weder seine Wortform noch
sein Sinn intendirt ist), so sind sie der Flexion unterworfen, so dass
man also مِن قَبْلِ , مِن بَعْدِ sagen oder sie als vage Ortsbestim-
mungen in den Accus. sezen kann, wie: قَبْلًا , بَعْدًا etc. Ist ihr
إِلَيْهِ مُضَافْ zwar ausgelassen, aber doch intendirt, so werden sie
flectirt, aber ohne Tanvîn; man kann also sagen (in der Poësie):
مِن قَبْلِ , etc. Ewald (Gram. arab. II, p. 14, not.) bestreitet die
Richtigkeit dieser lezteren Form, aber mit Unrecht; cf. Alfiyyah,
V. 410—412, Comm.

ج . الحَالُ هُوَ ٱلاسمُ المنصوبُ المُفَسِّرُ لِمَا ٱنْبَهَمَ مِنَ
الهَيْئَاتِ نَحْوَ قَوْلِكَ جَاءَ زَيْدٌ رَاكِبًا وركِبْتُ ٱلْفَرَسَ مُسْرَجًا *)
ولَقِيتُ عَبْدَ ٱللّٰهِ رَاكِبًا وما اشبه ذلك

„Der Zustands-Ausdruck ist das in den Accusativ
gesezte Nomen, das das, was von den Zuständen zweifelhaft
ist, erklärt, wie du sagst: Zaid kam reitend (im Zustande
eines reitenden) und: ich ritt das Pferd im Zustand des
gesattelt seins, und: ich begegnete ꜥAbd-allah, während er
ritt, und was dem ähnlich ist."

Der Ḥâl bildet nur einen accessorischen Bestand-
theil des Sazes (وَصْفٌ فَضْلَةٌ), kann also nur zu einem an
sich schon vollständigen Saze zur näheren Bestimmung
entweder des Subjects (حَالٌ مِنَ الفَاعِلِ) oder des objectiven Complements (حَالٌ مِنَ ٱلْمَفْعُولِ) oder eines Genetivs
hinzutreten; doch muss dabei durch die Stellung des Ḥâl
auf die Deutlichkeit Rücksicht genommen werden.

72. س . احبرنى ما هى شُرُوطُ ٱلحَالِ
„Sage mir, was die Bedingungen (für die Sezung) des
Zustands-Ausdruckes sind?"

ج . شُرُوطُ الحَالِ ثَلَثَةٌ أَوَّلُهَا أَنْ يَكُونَ نَكِرَةً والثانى

---

*) Bresnier hat in seinem Texte مَشْرُوج, die Bairûter Aus-
gabe dagegen مسرج , was nach Lane allein richtig ist. Auch Azhari
liest مسرج .

أَنْ يَكُونَ بَعْدَ تَمَامِ الكلامِ والثالثُ أَنْ يَكُونَ صاحِبُهُ

معرفةً [وهذه الشروطُ الثلثةُ تَجِدُهَا فى قولِك جَآءَ زَيْدٌ

رَاكِبًا فَإِنَّ رَاكِبًا نَكِرَةٌ وَاقِعَةٌ بَعْدَ تَمَامِ الكلامِ وصاحِبُهُ

معرفةٌ وهو زَيْدٌ]

„Die Bedingungen für den Zustands-Ausdruck sind
drei; erstens, dass er i n d e t e r m i n i r t sei; zweitens, dass
er nach V o l l e n d u n g d e s S a z e s stehe; drittens, dass
sein Besizer (= das Wort, worauf er sich bezieht), d e t e r -
m i n i r t sei. Diese drei Bedingungen findest du in deinen

Worten: جَآءَ زَيْدٌ رَاكِبًا; denn رَاكِبًا ist indeterminirt,

stehend n a c h Vollendung des Sazes, und sein Besizer ist

determinirt, nämlich زَيْدٌ (als عَلَمٌ].“

Der Text der Ajrūmiyyah ist hier etwas anders ge-

fasst (لَا يَكُونُ الحَالُ إِلَّا نَكِرَةً etc.), wir haben übrigens

hier, um der Frage willen, die Bairūter Anordnung der
Worte beibehalten.

Dass der H'āl i n d e t e r m i n i r t (und von einem Verbum
abgeleitet sein müsse)*) ist die gewöhnliche Lehrweise, doch
werden auch Ausnahmen davon zugelassen. Dass das Wort
auf das sich der H'āl bezieht, d e t e r m i n i r t sei, ist die
Regel; es kann jedoch auch i n d e t e r m i n i r t sein, wenn
der H'āl ihm v o r a n s t e h t oder wenn es durch ein

---

*) Es ist gewöhnlich das Nomen agentis (اسمُ الفاعلِ) und

patientis (اسمُ المفعولِ) oder ein ihnen gleichkommendes Verbaladjectiv oder was den Sinn eines Verbums hat. (Al-mufaṣṣal, p. 28,
l. 1. 2.)

Eigenschaftsw.ort oder eine Annexion näher bezeichnet ist, oder wenn es nach einer Negation, Frage
oder Prohibition steht. Aber auch ohne diese Gründe
bezieht sich manchmal ein H'âl auf ein indeterminirtes
Nomen. (Sîbavaihi gestattet so einen Saz, wie: فِيهَا رَجُلٌ
قَائِمًا; cf. Alfiyyah, V. 338. 339, Comment.)

Ad 6) اَلتَّمِّييزُ

73. س. مَا هُوَ التَّمِّييزُ

„Was ist die Specification?“

ج. التَّمِّييزُ هُوَ ٱلِاسْمُ المنصوبُ المُفَسِّرُ لِمَا ٱنْبَهَمَ
مِنَ الذَّوَاتِ نَحْوَ قَوْلِكَ تَصَبَّبَ زَيْدٌ عَرَقًا وتَفَقَّأَ بَكْرٌ شَحْمًا
وطَابَ مُحَمَّدٌ نَفْسًا وَٱشْتَرَيْتُ عِشْرِينَ غُلَامًا وملَكْتُ
تِسْعِينَ نَعْجَةً وزَيْدٌ أَكْرَمُ مِنْكَ أَبًا وَأَجْمَلُ مِنْكَ وَجْهًا

„Die Specification ist das in den Accusativ gesetze
Nomen, das das erklärt, was von den wesentlichen Eigen-
schaften unbestimmt ist, wie du sagst: Zaid floss über von
Schweiss, und: das junge Kamel borst vor Fett, und: Mu-
h'ammad war fröhlich an Geist (= fröhlichen Geistes oder
Sinnes), und: ich kaufte zwanzig Sclaven, und: ich besass
neunzig Schafe, und: Zaid ist edler als du an Vater (= Zaid
hat einen edleren Vater als du), und: er ist schöner als
du an Gesicht (er hat ein schöneres Gesicht als du).“

Soll eine Aussage (über das Subject oder Object) näher
definirt oder restringirt werden, so geschieht dies durch
den Accusativus (adverbialis), welcher تَمِّييز genannt wird.

7

Dieser steht auch nach den Cardinalzahlen von 11—99,
indem der gezählte Gegenstand als nähere Specification in
den Accusativ Sing. gesezt wird, wie die Beispiele zeigen.
(Auch nach Nomina des Masses, Gewichts etc. kann
ein تَمْيِيز stehen, wie: رَطْلٌ زَيْتًا, ein Pfund an Oel)*).

74. س. اخبرنى ما هى شُروطُ التمييز

„Sage mir, was die Bedingungen der Specification sind?"

ج . للتمييز شَرطَانِ أَحَدُهُمَا أَنْ يَكُونَ نَكِرَةً والثانى

أَنْ يَكُونَ وَاقِعًا بَعْدَ تَمَامِ الكلامِ

„Die Specification hat zwei Bedingungen: die erste
ist, das sie in determini nirt sei, und die zweite, dass sie
nach Vollendung des Sazes stehe "

Einige Grammatiker jedoch erlauben die Voranstellung
des Tamyīz, wenn sein Regens ein flectirbares Verbum ist
(cf. Al-mufassal, p. 30, l. 16; Alfiyyah, V. 563 c. com.).

Ad 7) اَلْاِسْتِثْنَاء

75. س. ما هو ٱلْاِسْتِثْنَاء

„Was ist die Ausnahme?"

ج . [اَلْاِسْتِثْنَاء هو اخراجُ الثانى من حكمِ الاوّلِ بِاِلَّا

أَوْ إِحْدَى أَخَوَاتِهَا مِثَالُ ذلك جَاءَ القومُ إِلَّا زَيْدًا فَإِنَّ زَيْدًا

قد أُخْرِجَ بِإِلَّا مِن حُكْمِ ٱلْمَجِىءِ الدَّاخِلِ فِيهِ القومُ ويُسَمَّى

الاسمُ الاوّلُ الْمُسْتَثْنَى مِنْهُ والثانى الْمُسْتَثْنَى]

---

*) Cf. Al-mufassal, p. 30, l. 4 5.

„Die Ausnahme ist das Herausnehmen des zweiten aus der logischen Beziehung des ersten durch إِلَّا oder einer seiner Schwestern. Ein Beispiel davon ist: es kamen die Leute ausser Zaid. Denn „Zaid" ist ausgenommen worden durch إِلَّا von dem Predicament des Kommens, unter das die Leute fallen. Das erste Nomen nennt man ٱلْمُسْتَثْنَى مِنْهُ (das, von dem ausgenommen wird), und das zweite ٱلْمُسْتَثْنَى (das Ausgenommene).]"

76. س. كَمْ هِيَ أَدَوَاتُ ٱلْاِسْتِثْنَاۤء وَمَا هِيَ

„Wie viel sind der Partikeln der Ausnahme und was sind sie?"

ج. حُرُوفُ ٱلْاِسْتِثْنَاۤء ثَمَانِيَةٌ وَهِيَ إِلَّا وَغَيْرٌ وَسِوًى وَسُوًى وَسَوَاۤء وَخَلَا وَعَدَا وَحَاشَى فَٱلْمُسْتَثْنَى بِإِلَّا يُنْصَبُ إِذَا كَانَ ٱلْكَلَامُ مُوجَبًا تَامًّا نَحْوَ قَامَ ٱلْقَوْمُ إِلَّا زَيْدًا وَخَرَجَ ٱلنَّاسُ إِلَّا عَمْرًا وَإِنْ كَانَ ٱلْكَلَامُ مَنْفِيًّا تَامًّا جَازَ فِيهِ ٱلْبَدَلُ وَٱلنَّصْبُ عَلَى ٱلْاِسْتِثْنَاۤء نَحْوَ مَا قَامَ أَحَدٌ إِلَّا زَيْدٌ وَإِلَّا زَيْدًا وَإِنْ كَانَ ٱلْكَلَامُ نَاقِصًا كَانَ عَلَى حَسَبِ ٱلْعَوَامِلِ نَحْوَ مَا قَامَ إِلَّا زَيْدٌ وَمَا ضَرَبْتُ إِلَّا زَيْدًا وَمَا مَرَرْتُ إِلَّا بِزَيْدٍ وَٱلْمُسْتَثْنَى بِغَيْرٍ وَسِوًى وَسُوًى وَسَوَاۤء مَجْرُورٌ لَا غَيْرٌ وَٱلْمُسْتَثْنَى بِخَلَا وَعَدَا وَحَاشَى يَجُوزُ نَصْبُهُ وَجَرُّهُ نَحْوَ قَامَ ٱلْقَوْمُ خَلَا زَيْدًا وَزَيْدٍ وَعَدَا عَمْرًا وَعَمْرٍو وَحَاشَى زَيْدًا وَزَيْدٍ

7*

Die Partikeln der Ausnahme sind **a c h t**, nämlich:
حَاشَي , إِلَّا , غَيْر , سِوَى , سُوَى , سَوآءِ , خَلَا , عَدَا und
(ausser, ausgenommen). (1) Das Ausgenommene durch إِلَّا
wird in den **Accusativ** gesezt, wenn der Saz **affirmativ**
und **vollständig** ist, wie: es kamen die Leute, ausser
Zaid, und: die Leute giengen hinaus ausser ˀAmr. (2) Wenn
der Saz **negativ** und **vollständig** ist, so ist darin das
Permutativ und der **Accusativ** auf die Ausnahme hin
erlaubt, wie: nicht stand einer ausser Zaid (زَيْد als Permutativ von أَحَد, und إِلَّا زَيْدًا, Accus. der Ausnahme).
(3) Wenn (aber) der Saz **unvollständig** ist, so wird es
gemäss den (vorangehenden) Regentia gesezt, wie: nicht
stand (Jemand) ausser Zaid, und: nicht schlug ich (Jemand)
ausser Zaid, und: nicht gieng ich (an Jemand) vorüber
ausser an Zaid*). (4) Das durch سُوَى , سِوَى , غَيْر und
سَوآءِ Ausgenommene wird nur in den **Genetiv** gesezt.
(5) Das durch خَلَا , عَدَا und حَاشَى Ausgenommene kann
in den **Accusativ** und **Genetiv** gesezt werden, wie:
es standen die Leute ausser Zaid (خَلَا زَيْدًا und
und ausser ˀAmr (عَدَا عَمْرًا) und (عَدَا عَمْرِو) und ausser
Zaid (حَاشَى زَيْدًا und حَاشَى زَيْدِ).

---

*) Etwas anderes ist es, wenn das auf إِلَّا folgende Nomen das
Praedicat eines vorangehenden Subjects ist, indem der Saz auf eine
negative Weise eine stärkere Affirmation ausdrückt, wie: مَا زَيْد
إِلَّا كَاذِب Zaid ist nichts als ein Lügner. In solchen Fällen kann إِلَّا
keinerlei Rection ausüben.

غَيْر , سِوَى , سُوَى und سَوَآء sind keine Partikeln, sondern Substantiva, die, in den Stat. constr. tretend, das folgende Nomen (oder Pronomen suffixum) im Genetiv regieren. غَيْر selbst muss in demselben Casus stehen, wie das durch إِلَّا Ausgenommene; man sagt also: قَامَ الْقَوْمُ غَيْرَ زَيْدٍ, und negativ: مَا قَامَ أَحَدٌ غَيْرُ زَيْدٍ oder غَيْرَ زَيْدٍ, indem man es entweder in den (adverbialen) Accusativ sezt oder als تَابِع in den Nominativ, correspondirend mit dem vorangehenden Nomen. Wie غَيْر werden auch سِوَى , سُوَى und سَوَآء behandelt. Cf. Alfiyyah, V. 326. 327.

Nach خَلَا , عَدَا und حَاشَى (wie es Lane allein schreibt, nicht حَاشَا)*) sowie (nach den hier übergangenen لَيْسَ und لَا يَكُونُ**) steht der Accusativ in Kraft ihrer ursprünglichen Verbalrection; doch werden عَدَا , خَلَا und حَاشَى auch schon als eigentliche Praepositionen gebraucht und regieren als solche den Genetiv. Vor خَلَا und عَدَا kann auch مَا (was, مَا مَصْدَرِيَّة genannt) treten (was ihre ursprüngliche Verbalnatur aufs deutlichste zeigt), in welchem Falle sie dann den Accusativ zu sich nehmen; doch erlauben auch einige Grammatiker den Genetiv,

---

*) In der Alfiyyah jedoch V. 331 finden sich die vier Formen: حَاشَى neben حَشَى und حَاشَ , حَاشَا im Comm.

**) Siehe darüber Alfiyyah, V. 328 c. comm.

indem sie dieses مَا als pleonastisch (مَا زَائِدَة) nehmen.

حَاشَى unterscheidet sich dadurch von خَلَا und عَدَا, dass ihm مَا nicht vorgesezt werden darf (doch kommt auch vor حَاشَى in einzelnen Fällen مَا vor).

In Betreff der Stellung des Ausgenommenen ist folgendes zu merken. Geht das Ausgenommene voran, so muss es im Accusativ stehen, sei die Aussage bejahend (مُوجَب) oder verneinend (غَيْرُ مُوجَبٍ), wie: قَامَ إِلَّا زَيْدًا ٱلْقَوْمُ; steht es dagegen nach, so muss es in den Accusativ gesezt werden, wenn die Aussage bejahend ist, ist aber die Aussage verneinend, so steht es gewöhnlich als Permutativ für das Vorangehende (مَتْبُوع) in dem Casus desselben, doch ist auch der Accusativ zulässig; man sagt also: مَا مَرَرْتُ بِأَحَدٍ إِلَّا زَيْدٍ, seltener: مَا مَرَرْتُ بِأَحَدٍ إِلَّا زَيْدًا.

Ist in einem Saze das, wovon ausgenommen wird, nicht genannt (was man اِسْتِثْنَاء مُفَرَّغ, eine ausgeleerte Ausnahme, oder schlechthin: ٱلتَّفْرِيغ, die Ausleerung, nennt), so steht das auf إِلَّا folgende Nomen in dem Casus, welchen das vor إِلَّا ausgelassene erfordern würde; dies kommt jedoch nur in einer verneinenden Aussage vor, wie im Texte (sub 3) durch die Beispiele angedeutet ist.

Wird in einem Saze إِلَّا zur Bestätigung wiederholt (was bei der Permutation (بَدَل) und der Anlehnung

(عَطْف geschieht), so richtet sich das dadurch Ausgenommene nach dem vorausgehenden Nomen, dessen تَابِع es ist.

Das A u s g e n o m m e n e nennt man مُتَّصِل, verbunden), wenn es von derselben Natur oder Art (also
بَدَل) ist, wie das, von dem ausgenommen wird; steht es
v o r a n, so heisst es: اَلْمُسْتَثْنَى ٱلْمُتَّصِلُ ٱلْمُقَدَّمُ (das vor-
angestellte, verbundene Ausgenommene), steht es n a c h, so
heisst es, wenn die Aussage b e j a h e n d ist, اَلْمُسْتَثْنَى
ٱلْمُتَّصِلُ ٱلْمُؤَخَّرُ بَعْدَ ٱلْمُوجَبِ (das nachgesezte, verbundene
Ausgenommene nach dem bejahten), und wenn die Aussage
v e r n e i n e n d ist: اَلْمُسْتَثْنَى ٱلْمُتَّصِلُ ٱلْمُؤَخَّرُ بَعْدَ ٱلْمَنْفِيِّ
(das nachgesezte, verbundene Ausgenommene nach dem
verneinten).

Das Ausgenommene wird مُنْقَطِع (abgeschnitten) oder
مُنْفَصِل (getrennt) genannt, wenn es nicht derselben Natur
oder Art ist, wie das Vorangehende (also nicht بَدَل für
dasselbe); in diesem Falle kann es im N o m i n a t i v oder
im A c c u s a t i v stehen, wie: مَا قَامَ ٱلْقَوْمُ إِلَّا حِمَارٌ، حِمَارًا,
nicht standen die Leute, ausser einem Esel. (Alfiyyah,
V. 326, Comm.)*)

---

*) De Sacy, II, § 713, der behauptet, dass in diesem Falle noth-
wendigerweise das إلَّا folgende Nomen im A c c u s a t i v stehen
müsse, wäre darnach zu berichtigen.

اِسْمُ لَا (8 Ad

77. س . ما هو عَمَلُ لَا النَّافِيَةِ لِلْجِنْسِ

„Was ist die Rection von dem die (ganze) Gattung
verneinenden لَا ?"

ج . اِعْلَمْ أَنَّ لَا تَنْصِبُ ٱلنَّكَرَاتِ بِغَيْرِ تَنْوِينٍ إِذَا
بَاشَرَتِ ٱلنَّكَرَةَ ,وَلَمْ تَتَكَرَّرْ لَا نَحْوَ لَا رَجُلَ فِى ٱلدَّارِ فَإِنْ لَمْ
تُبَاشِرْهَا وَجَبَ ٱلرَّفْعُ ,وَالتَّنْوِينُ ,وَوَجَبَ تَكْرَارُ لَا نَحْوَ لَا فِى
ٱلدَّارِ رَجُلٌ وَلَا ٱمْرَأَةٌ وَإِنْ تَكَرَّرَتْ لَا جَازَ إِعْمَالُهَا وَإِلْغَاؤُهَا
نَحْوَ لَا رَجُلَ فِى ٱلدَّارِ وَلَا ٱمْرَأَةَ وَإِنْ شِئْتَ قُلْتَ لَا رَجُلٌ
فِى ٱلدَّارِ ,وَلَا ٱمْرَأَةَ

„Wisse, dass لَا die indeterminirten Nomina ohne
Tanvīn in den Accusativ sezt, wenn es mit dem indeterminirten Nomen in unmittelbarem Contact steht und لَا
nicht wiederholt wird, wie: (es ist) nicht ein Mann im
Hause. Wenn es also nicht in unmittelbarem Contact mit
ihm steht, so ist der Nominativ nöthig und das Tanvīn,
sowie die Wiederholung von لَا, wie: (nicht ist) im Hause
ein Mann (رَجُلٌ) und nicht eine Frau (ٱمْرَأَةٌ). Wenn لَا
(mit dem ihm unmittelbar folgenden indeterminirten Nomen)
wiederholt wird, so ist seine Rection (mit Accusativ ohne
Tanvīn) und seine Rectionslosigkeit erlaubt, wie: nicht (ist)
ein Mann (رَجُلَ) im Hause und nicht eine Frau (ٱمْرَأَةَ),

und wenn du willst,. so kannst du sagen: nicht (ist) ein
Mann (رَجُل) im Hause und nicht eine Frau (أَمْرَأَة).''

Dieses لَا, welches ٱلنَّافِيَةُ لِلْجِنْسِ, das die ganze
Gattung verneinende genannt wird (zum Unterschied
von dem لَا, welches die Gattung nicht verneint, das Subject darum in den Nominativ und das Praedicat in den
Accusativ sezt (cf. § 50), wie: لَا رَجُلَ قَائِمًا, nicht ist ein
Mann stehend) gehört zu den Partikeln, welche das Mubtada' abrogiren und in den Accusativ stellen, das Praedicat
dagegen in den Nominativ (es hätte darum unter § 51
erwähnt werden können). Im einzelnen ist noch folgendes
zu beachten:

1) Ist das auf لَا unmittelbar folgende Nomen indeter-
minirt und allein stehend (ohne dass ihm ein
Attribut oder ein im Genetiv annectirtes Wort oder eine
Praeposition folgt), so steht es im Accusativ (ohne
Tanvīn) und wird als مَبْنِىٰ (flexionslos) betrachtet.*)
Wird dem ersten Nomen ein anderes durch eine Con-
junctivpartikel angefügt, so kann dieses zwar wohl
im Accusativ, aber nur mit Tanvīn**), stehen, oder

---

*) Im Plur. von fem. steht der Accus. auf i (لَا مُسْلِمَاتِ),
doch erlauben einige auch a (لَا مُسْلِمَاتَ)

**) Darnach wäre also De Sacy II, § 734 (der dort وَأَمْرَأَةً
hat) zu berichtigen. Ibn ʾAqîl sagt ausdrücklich in seinem Commentar
zur Alfiyyah (V. 203) in dieser Beziehung: لَا يَجُوزُ ٱلْبِنَآءُ عَلَى ٱلْفَتْحِ
„Die Indeclinabilität auf Fathʿ ist nicht erlaubt", obschon Al-aχfaš sie
zugibt. Vergleiche auch Al-muf. p. 35, l. 21.

im Nominativ (mit Tanvīn) indem die Rectionskraft von
لَا aufhört, also: لَا رَجُلَ وَآمْرَأَةٌ فِي الدَّارِ oder: لَا رَجُلَ
وَآمْرَأَةٌ. Dieser leztere Fall ist im Texte nicht erwähnt.

Wird لَا mit dem ihm unmittelbar folgenden indeterminirten Nomen wiederholt, so können beide nicht nur im
Accusativ (ohne Tanvīn) oder im Nominativ (mit
Tanvīn) stehen, (wie im Texte angegeben ist), sondern das
erste oder das zweite kann in den Accusativ (ohne Tanvīn)
treten, während das andere im Nominativ (mit Tanvīn)
stehen bleibt. Man kann also demgemäss auch sagen:
لَا حَوْلَ وَلَا قُوَّةَ إِلَّا نَاللَّهِ oder: لَا حَوْلَ وَلَا قُوَّةٌ إِلَّا بِٱللَّهِ,
es gibt keine Macht noch Kraft ausser in Gott. Wenn
aber das erste Nomen nach لَا unflectirbar auf Fath' steht,
so kann das zweite auch im Accusativ (mit Tanvīn)
stehen, wie: لَا حَوْلَ وَلَا قُوَّةً. So die Alfiyyah (V. 198
bis 200, Com.) und Azharī, obgleich De Sacy II, § 735
diesen Fall nicht erwähnt.

2) Ist das durch لَا in den Accusativ (ohne Tanvīn)
gesezte Einzel-Nomen näher definirt durch ein sich ihm
unmittelbar anschliessendes Eigenschaftswort (نَعْت), so kann
es entweder im Accusativ (ohne oder mit Tanvīn) folgen,
wie: لَا رَجُلَ ظَرِيفًا فِيهَا oder لَا رَجُلَ ظَرِيفَ فِيهَا, oder
im Nominativ (mit Tanvīn) stehen, wie: لَا رَجُلَ ظَرِيفٌ
فِيهَا, es ist kein tüchtiger Mann da*). Ist dagegen das

---

*) Cf. Al-muf., p. 35, l. 15 sqq.

Eigenschaftswort von seinem Nomen, auf das es sich bezieht, getrennt, so kann es nur im Nominativ oder
Accusativ (beidemal mit Tanvin) stehen, wie: لَا رَجُلَ
oder: لَا رَجُلَ فِيهَا ظَرِيفًا ظَرِيف .

Wenn aber das Attribut ein zusammengesezter
Ausdruck ist (durch Annexion), so ist nur der Nominativ
und Accusativ möglich (nicht aber die Flexionslosigkeit),
wie: لَا رَجُلَ صَاحِبَ بِرٍّ فِيهَا, oder: لَا رَجُلَ صَاحِبُ بِرٍّ
فِيهَا, nicht ist ein frommer Mann darinnen.

3) Ist das Nomen von لَا annectirt oder dem Annectirten ähnlich *) (indem es mit dem folgenden
durch eine Rection zusammenhängt), so tritt der (volle)
Accusativ ein, während das Praedicat (wenn ein solches
vorhanden ist) im Nominativ steht, wie: لَا غُلَامَ رَجُلٍ
حَاضِرٌ, kein Sclave eines Mannes ist anwesend; لَا طَالِعًا
جَبَلًا ظَاهِرٌ, keiner, der einen Berg besteigt, ist sichtbar;
لَا خَيْرًا مِن زَيْدٍ رَاكِبٌ, keiner, der besser ist als Zaid,
reitet.

Ad 9) الْمُنَادَى

78. س. اخبرني ما هر الْمُنَادَى

„Sage mir, was das Angerufene ist?

ج. الْمُنَادَى [هو المطلوب إِقْبَالُهُ بِيَا أَوْ إِحْدَى

*) Das dem Annectirten ähnliche heisst in der Kunstsprache
مَمْطُولٌ oder مُطَوَّلٌ, gedehnt, gestreckt.

أَخَوَاتِهَا] وَهُوَ حَمْسَةُ أَنْوَاعِ ٱلْمُفْرَدُ ٱلْعَلَمُ [نَحْوُ يَا زَيْدُ]

وَٱلنَّكِرَةُ ٱلْمَقْصُودَةُ [بِٱلنِّدَآءِ دُونَ غَيْرِهَا نَحْوُ يَا رَجُلُ تُرِيدُ

بِهِ رَجُلًا مُعَيَّنًا] وَٱلنَّكِرَةُ ٱلْغَيْرُ ٱلْمَقْصُودَةِ [نَحْوُ يَا رَجُلًا لِغَيْرِ

مُعَيَّنٍ] وَٱلْمُضَافُ [نَحْوُ يَا عَبْدَ ٱللّهِ] وَٱلْمُشَبَّهُ بِٱلْمُضَافِ

[نَحْوُ يَا طَالِعًا جَبَلًا]

„Das Angerufene [ist das, dessen Herankommen durch يَا oder eines seiner Schwestern verlangt wird, es besteht] aus fünf Arten: (1) dem Einzel-Nomen proprium [wie: o Zaid!], (2) dem indeterminirten Nomen, das intendirt ist [durch den Anruf vor einem andern, wie: o، Mann! Du meinst damit einen bestimmten Mann], (3) dem nicht intendirten, indeterminirten Nomen [wie: o den Mann! in Betreff eines unbestimmten], (4) dem annectirten [wie: o Diener Gottes!], und (5) dem dem Annectirten ähnlichen [wie: o einen Berg besteigender!]"

79. س . هَلْ هذِهِ اَنْوَاعُ ٱلْخَمْسَةُ تَكُونُ عَلَى طَرِيقَةٍ وَاحِدَةٍ

أَمْ تَخْتَلِفُ حُكْمُهَا بِحَسَبِ ٱخْتِلَافِهَا

„Werden diese fünf Arten nach Einer Weise gebildet, oder ist ihre Regel verschieden gemäss ihrer Verschiedenheit?"

ح . فَأَمَّا ٱلْمُفْرَدُ ٱلْعَلَمُ وَٱلنَّكِرَةُ ٱلْمَقْصُودَةُ فَيُبْنَيَانِ

عَلَى ٱلضَّمِّ مِنْ غَيْرِ تَنْوِينٍ نَحْوَ يَا زَيْدُ وِيَا رَجُلُ وَٱلثَّلَثَةُ

ٱلْبَاقِيَةُ مَنْصُوبَةٌ لَا غَيْرُ

„Was das Einzel-Nomen proprium und das intendirte indeterminirte Nomen betrifft, so werden sie beide mit

Dammah (in den Nominativ) als indeclinabilia gesezt, ohne
Tanvîn, wie: يَا زَيْدُ . o Zaid! und: يَا رَجُلُ, o Mann!
die drei übrigen (dagegen) nur in den Accusativ."

Die Partikeln des Anrufes (حُرُوفُ ٱلتِّدَآءِ oder أَصْوَاتُ)
sind, wenn das Angerufene etwas fern ist oder fern ge-
dacht ist, يَا, أَيْ. آءٍ, أَيَا und هَيَا, ist es dagegen nah, أَ.
Diese Partikeln können jedoch beim Vocativ auch fehlen.
ٱلْمُفْرَدُ ٱلْعَلَمُ, das Einzelwort, das Nomen proprium, im
Gegensaz zum zusammengesezten (مُرَكَّبٍ). Die ge-
rufene Person oder Sache wird immer indeterminirt
(ohne Artikel) gesezt, nur beim Namen Gottes ist der
Artikel gestattet, wie: يَا ٱللَّهُ, wofür man aber gewöhn-
licher ٱللَّهُمَّ sagt.

Im einzelnen ist noch folgendes zu beachten:

1) Wendet sich der Anruf an ein Einzelnomen (Nom.
proprium, Person oder Sache), so steht es im Nominativ
(ohne Tanvîn), wird es dagegen als nicht anwesend
betrachtet, so steht es im Accusativ.

2) Ist das Angerufene annectirt oder ordnet sich
das nachfolgende als objectives Complement oder durch
eine Praeposition unter, so muss es im Accusativ
stehen.

So weit der Text. Der Vollständigkeit wegen fügen
wir noch hinzu:

3) Tritt zu dem Munâdâ, das mit Damm im Nominativ
steht, eine Apposition, als Erklärung (عَطْفُ ٱلْبَيَانِ),

Corroboration (تَوْكِيدْ) oder Beschreibewort (صِفَة), so kann

sie im **Nominativ** oder **Accusativ** stehen, wie: يَا

يَا تَمِيمُ أَجْمَعُونَ oder: زَيْدًا, o Mann Zaid! رَجُلُ زَيْدْ

oder: أَجْمَعِينَ, o ihr Tamīmiten alle! يَا زَيْدُ الظَّرِيفُ

oder: الظَّرِيقِ, o gescheidter Zaid! Das **Permutativ**

(بَدَلْ) dagegen und das **Angereihte** (مَنْسُوقْ) müssen,

wenn es Einzelnomina sind, als selbstständige Munādā, im

Nominativ (mit Tanvīn) stehen, wie: يَا رَجُلُ زَيْدْ,

o Mann, (nämlich) Zaid! يَا رَجُلُ وَزَيْدْ, o Mann und (du)

Zaid! Ist jedoch das **Angereihte** mit dem **Artikel** ver-

sehen, so ist der **Nominativ** und der **Accusativ**

möglich, wie: يَا زَيْدُ وَٱلْغُلَامُ und: وَٱلْغُلَامَ, o Zaid und

der Knabe!

4) Tritt zu dem Munādā, das mit Ḍamm im **Nomi-**

nativ steht, noch eine **Apposition** hinzu, die annectirt

ist, aber ohne den **Artikel** أَل, so muss sie im **Accusativ**

stehen, wie: يَا زَيْدُ صَاحِبَ عَمْرٍو O Zaid, Genosse des

ʾAmr! Ist dagegen das annectirte mit dem **Artikel** ver-

sehen, so ist der **Nominativ** und **Accusativ** zulässig,

wie: الْكَرِيمَ ٱلْأَبِ oder: يَا زَيْدُ ٱلْكَرِيمُ ٱلْأَبِ, O Zaid, der

du von edlem Vater bist!

5) Besonders zu beachten ist, wenn ٱبْن einem Eigen-

namen folgt und einem folgenden Eigennamen annectirt ist.

In diesem Falle verliert اِبن immer sein prosthetisches
Alif und muss im Accusativ stehen, während das (erste)
Munādā mit Ḍamm oder Fathʿ gesprochen wird; man kann
also sagen: يَا زَيْدَ بْنَ عَمْرو oder: يَا زَيْدُ بْنَ عَمْرو,
o Zaid, Sohn des ʾAmr! Ist dies aber nicht der Fall, so
behält اِبن sein Alif und das Munādā darf nur mit Ḍamm
stehen. Man sagt also: يَا غُلَامُ اآبْنَ عَمْرو, O Knabe,
Sohn des ʾAmr! يَا زَيْدُ اآبْنَ أَخِينَا. o Zaid, Sohn unseres
Bruders!

(*) 6) Nach der Anruf-Partikel أَيُّهَا (oder auch: يَا أَيُّهَا)
steht das Nomen mit dem Artikel immer im Nomi-
nativ wie: أَيُّهَا آلرَّجُلُ, o Mann! Nach أَيُّهَا kann auch
ذَا und اَلَّذِى folgen, wie: أَيُّهَا ذَا O du da! اَلَّذِى
o der, welcher!

Das mit einem Demonstrativ verbundene Munādā
steht ebenfalls immer im Nominativ, wie: يَا هَذَا آلرَّجُلُ
o du Mann da!

---

*) Die arab. Grammatiker lassen das eigentliche Munādā أَىّ
sein und sehen هَا als pleonastisch (زَائِدَة) an, so dass الرجل die
nähere Beschreibung (صِفَة) von أَىّ ist, die als تَابِع mit demselben im gleichen Casus stehen muss. Demgemäss sezt man vor einem
Nom. fem. (Sing. u. Plur.) أَيَّتُهَا, doch ist auch أَيُّهَا zulässig.

Ad 12) اَلْمَفْعُولُ مِنْ أَجْلِهِ

80. س. اخبرنى ما هو المفعول من أجله

„Sage mir, was ist das objective Complement des Motivs?"

ج. هُوَ ٱلْآسْمُ ٱلْمَنْصُوبُ ٱلَّذِى يُذْكَرُ بَيَانًا لِسَبَبِ وُقُوعِ ٱلْفِعْلِ [ٱلصَّادِرِ مِنَ ٱلْفَاعِلِ] نَحْوَ قَوْلِكَ قَامَ زَيْدٌ إِجْلَالًا لِعَمْرٍو وَقَصَدْتُكَ ٱبْتِغَاءَ مَعْرُوفِكَ [فَإِنَّ إِجْلَالًا قَدْ ذُكِرَ بَيَانًا لِسَبَبِ ٱلْقِيَامِ وَلِذَلِك سُمِّيَ المفعولَ مِنَ أَجْلِهِ أَيِ ٱلْآسْمَ ٱلَّذِى فُعِلَ الفِعْلُ مِنَ أَجْلِهِ]

„Es ist das in den Accusativ gesetze Nomen, das erwähnt wird für die Ursache des Vorkommens der Handlung, [die von dem Verbalsubject ausgeht], wie du sagst: Zaid stand auf um dem ꜣAmr Ehre zu erweisen, und: ich suchte dich auf in dem Wunsche dich kennen zu lernen*).

[Denn إِجْلَالٌ ist hier erwähnt als Erklärung der Ursache des Aufstehens und darum wird es das مَفْعُولٌ مِنْ أَجْلِهِ genannt, d. i. das Nomen, um dessen willen die Handlung geschieht.]"

Der grammatische terminus technicus für das objective Complement des Motivs wird entweder اَلْمَفْعُولُ مِنْ أَجْلِهِ, oder: اَلْمَفْعُولُ لِأَجْلِهِ, oder: اَلْمَفْعُولُ لَهُ genannt. Das ob-

---

*) مَعْرُوفٌ steht hier als Infinitiv = مَعْرِفَةٌ.

jective Complement des Motivs muss immer ein Maṣdar
sein, das eine Ursache, Grund oder Zweck ausdrückt
und mit seinem Regens in der Zeit und dem Subject
übereinstimmt; ist dies nicht der Fall, so gebraucht man
die entsprechende Praeposition لِ. Ist das objective Complement des Motivs mit dem Artikel versehen oder annectirt, so gebraucht man gewöhnlich eine Praeposition,
doch ist auch in diesen Fällen der Accusativ erlaubt,
z. B. لَا أَقْعُدُ ٱلْجُبْنَ عَنِ ٱلْهَيْجَآءِ (Alfiyyah, V. 302): nicht
werde ich sizen aus Furcht vor der Schlacht. يَجْعَلُونَ
أَصَابِعَهُمْ فِي آذَانِهِمْ مِنَ ٱلصَّوَاعِقِ حَذَرَ ٱلْمَوْتِ: sie stecken
ihre Finger in ihre Ohren vor den Blizen aus Furcht vor
dem Tode (Qur. 2, 18).

Ad 13) ٱلْمَفْعُولُ مَعَهُ

81. س. ما هو ٱلْمَفْعُولُ مَعَهُ

„Was ist das objective Complement des Mitseins?"

ج. هو ٱلِاسْمُ ٱلْمَنْصُوبُ ٱلَّذِى يُذْكَرُ لِبَيَانِ مَنْ فُعِلَ
مَعَهُ ٱلْفِعْلُ نَحْوَ قَوْلِكَ جَآءَ ٱلْأَمِيرُ وَٱلْجَيْشَ وَٱسْتَوَى ٱلْمَآءَ
وَٱلْخَشَبَةَ وَأَمَّا خَبَرُ كَانَ وَاخَوَاتِهَا وَٱسْمُ إِنَّ وَاخَوَاتِهَا فَقَدْ
تَقَدَّمَ ذِكْرُهُمَا فِى ٱلْمَرْفُوعَاتِ وَكَذَلِكَ ٱلتَّوَابِعُ فَقَدْ تَقَدَّمَتْ
هُنَالِكَ

„Es ist das in den Accusativ gesezte Nomen, das erwähnt wird zur Erklärung dessen, in Gemeinschaft mit

8

welchem die That gethan wird, wie du sagst: es kam der
Fürst mit dem Heere, und: das Wasser steht gleich mit
dem Holzpfosten*). Das Praedicat von كَانَ und seinen
Schwestern und das Nomen von إِنَّ und seinen Schwestern
ist schon vorher erwähnt worden bei den Nominibus, die
in den Nominativ gesezt werden (müssen, s. § 50. 51),
und ebenso sind die in Apposition gesezten Nomina dort
schon vorangegangen (§ 53 sqq.)."

Das objective Complement des Mitseins ist das
nach وَ (das hier die Bedeutung von mit hat) in den Accusativ gesezte Nomen; man nennt es darum das وَاوُ
وَاوُ ٱلْمَصَاحَبَة das Vāv der Concomitanz, oder:
das Vāv des Mitseins, oder: وَاوُ ٱلْجَمْع, das Vāv des
Zusammenfassens.

Es kann nur dann stehen, wenn ihm ein Verbum oder
ein demselben ähnliches Wort (wie: كَفَاكَ = حَسْبُكَ in:
حَسْبُكَ وَزَيْدًا دِرْهَمٌ, es genügt dir mit Zaid ein Dirham),
welches das Regens ist, vorangeht. Nach dem مَا der
Frage und nach كَيْفَ kann وَ mit seinem Nomen im Accusativ stehen, indem ein Verbum (كَانَ) supplirt wird, wie:
مَا أَنْتَ وَزَيْدًا, was (bist) du mit Zaid? = was thust du

---

*) In diesen zwei Beispielen ist وَ in verschiedenem Sinne ge-
braucht; im ersten steht es als عَطْف (als Anfügungspartikel), im
zweiten dagegen im Sinne einer Vergleichung (= لِ oder بِ).

mit Zaid? und: كَيْفَ أَنْتَ وَقَصْعَةً مِن ثَرِيدٍ , wie bist du

(= تَكُونُ) mit einer Schüssel von Brodbrocken? (Alfiyyah,
V. 313, Com.) Doch ist in diesen Fällen der Nominativ
gewählter (cf. Mufass. p. 27, L. 2 sqq.).

Die arabischen Grammatiker sind nicht darüber einig,
ob die Rection von dem vorangehenden Verbum oder von
وَ ausgeht. (Cf. Alfiyyah, V. 312). Das wahrscheinlichste
ist, dass وَ mit dem Accusativ eine Ellipse in sich schliesst,
worauf auch die Erklärungen der Grammatiker hindeuten.

VIII. Capitel.

بَابُ ٱلْمَخْفُوضَاتِ

Von den Nominibus, die in den Genetiv gesezt
werden (müssen).

82. س . مَا هِىَ ٱلْأَسْمَآءُ ٱلْمَخْفُوضَةُ

„Was sind die Nomina, die in den Genetiv gesezt
werden?"

ج . الْمَخْفُوضَاتُ ثَلَثَةٌ مَخْفُوضٌ بِٱلْحَرْفِ وَمَخْفُوضٌ بِٱلْإِضَافَةِ
وَتَابِعٌ لِلْمَخْفُوضِ فَأَمَّا مَا يُخْفَضُ بِٱلْحَرْفِ فَهُوَ مَا يُخْفَضُ بِمِنْ
وَإِلَى وَعَنْ وَعَلَى وَفِي وَرُبَّ وَٱلْبَآءِ وَٱلْكَافِ وَٱللَّامِ وَحُرُوفِ
ٱلْقَسَمِ وَهِىَ الْوَاوُ وَالْبَآءُ وَالتَّآءُ وَبِوَاوِ رُبَّ وَبِمُذْ وَمُنْذُ
وَ امَّا مَا يُخْفَضُ بِٱلْإِضَافَةِ فَنَحْوُ قَوْلِكَ غُلَامُ زَيْدٍ وَهُوَ عَلَى
قِسْمَيْنِ مَا يُقَدَّرُ بِاللَّامِ وَمَا يُقَدَّرُ بِمِنْ فَٱلَّذِى يُقَدَّرُ بِٱللَّامِ

8*

نحو غُلَامِ زَيْدٍ وَٱلَّذِى يُقَدَّرُ بِيْنَ نحو ثَوْبِ خَزٍّ وبَابِ سَاجٍ

وجَاتِمِ حَدِيدٍ [وزَادَ بَعْضُهُمْ نَوْعًا ثَالِثًا بِتَقْدِير فى نحو

صَلوة ٱلْبُسْتَانِ أَىْ صَلوةٌ فى ٱلْبُسْتَانِ وٱلَّذِى يُخْفَض بالتَّبَعِيَّة

هو التَّوَابِعُ ٱلْأَرْبَعَةُ وَقَدْ مَرَّ بِيَانُهَا]

„Diejenigen Nomina, welche in den Genetiv gesezt
werden, sind drei: eines wird in den Genetiv gesezt durch
die Partikel, eines durch die Annexion und eines als
Apposition zu dem im Genetiv stehenden Nomen. Das
was durch die Partikel in den Genetiv gesezt wird, ist das,
was durch مِنْ (von), إِلَى (zu), عَنْ (von — weg), عَلَى
(auf, über), فِى (in), رُبَّ manchmal, بِ (in, an), كَ (wie),
لِ (zu) und die Schwurpartikeln تَ, بِ, وَ (bei), und das
وَ von رُبَّ (= manchmal), und durch مُذْ und مُنْذُ (seit)
in den Genetiv tritt. Was durch die Annexion in den
Genetiv gesezt wird, ist wie du sagst: der Sclave des Zaid
(زَيْدٍ); dieses ist von zweierlei Art: (1) was durch لِ, und
(2) was durch مِنْ supponirt werden kann. Was durch لِ
supponirt werden kann, ist wie: غُلَامُ زَيْدٍ (= غُلَامٌ لِزَيْدٍ,
ein Sclave des Zaid = ein dem Zaid gehörender Sclave),
und was durch مِنْ supponirt werden kann, ist wie:
ثَوْبُ خَزٍّ (= ثَوْبٌ مِنْ خَزٍّ, ein Kleid von Seidenstoff),
بَابُ سَاجٍ (= بَابٌ مِنْ سَاجٍ, eine Thüre von Teak-Holz)
und خَاتِمُ حَدِيدٍ (= خَاتِمٌ مِنْ حَدِيدٍ, = ein Siegelring

von Eisen) [und einige von ihnen (i. e. den Grammatikern)
fügen eine dritte Art hinzu mit der Supposition von في ,
wie: صَلوةٌ ٱلْبُسْتَانِ , d. i. صَلوةٌ في ٱلْبُسْتَانِ , ein Gebet
des Blumengartens = ein Gebet in dem Blumengarten.
Und das was durch die Apposition in den Genetiv gesezt wird, sind die vier Apposita, deren Erklärung schon
dagewesen ist, cf. § 53, sqq.]"

Die Partikeln, welche den Genetiv regieren, werden
von den Grammatikern حُرُوفُ ٱلْجَرِّ oder ٱلْحُرُوفُ ٱلْجَارَّةُ ,
Partikeln der Attraction oder die attrahirenden Partikeln
genannt, auch حُرُوفُ ٱلْخَفْضِ , Partikeln der Depression,
und حُرُوفُ ٱلْإِضَافَةِ , Partikeln der Annexion. Sie sind
hier nicht vollständig aufgeführt (cf. § 3). Die Praeposition
mit dem von ihr regierten Nomen heisst: جَارٌّ و مَجْرُورٌ ,
das Ziehende und das Gezogene.

Ueber مُذْ (vor Vaṣl مُذُ und مُذِ) und مُنْذُ ist zu
bemerken, dass sie mit dem Nominativ verbunden werden
(weil aus مِنْ ذُو , ex quo, contrahirt), wenn der Zeitraum
als abgelaufen betrachtet wird, dagegen enger mit dem
Genetiv, wenn dies nicht der Fall ist.

Von den Schwurpartikeln kommt ت sonst nur in der
Form: تَٱللَّهِ vor*); و wird nur gebraucht, wenn es vor

---

*) Nach de Sacy (I, p. 472) auch noch in einigen anderen Redens-
arten, wie: تَرَبِّى , bei meinem Herrn, تَحَيَاتِكَ , bei deinem Leben. Ibn
ʿAqîl (im Com. zur Alfiyyah, V. 366—360) will jedoch das leztere nicht

einem Substantiv steht und das Verbum (des Schwörens)
fehlt. Die allgemeine Schwurpartikel ist بِ, das sowohl
vor einem Substantiv als einem Pronomen suffixum stehen
kann, sei das Verbum (des Schwörens) ausgedrückt oder
nur supponirt.

رُبَّ (auch رُبَ, رُبَّتَ etc. geschrieben) betrachten die
arab. Grammatiker auch als eine Partikel. Es ist jedoch
der Accusativ des Stat. constr. von رُبّ (Menge) = يَا رُبَّ,
o die Menge von! (was auch noch vorkommt, cf. Al-
mufaṣṣal, p. 38, l. 9); رُبَّ wird jedoch jezt nicht mehr
im Sinne der Menge gebraucht, sondern um eine kleine
Zahl (لِلتَّقْلِيل) auszudrücken. Das von رُبَّ abhängige
Nomen (das immer im Singular steht), muss indeterminirt und darum von einem descriptiven Saze (صِفَة) ge-
folgt sein, der جَوَابُ رُبَّ, die Antwort auf رُبَّ genannt
wird, wie: رُبَّ رَجُلٍ قَائِمٌ, wörtlich: o die kleine Zahl von
Männern, (die) stehen = wenige Männer stehen. Das indeterminirte Nomen kann auch ein Attribut haben, wie:
رُبَّ رَجُلٍ كَرِيمٍ لَقِيتُهُ, o die kleine Anzahl von edelmüthigen
Männern, (denen) ich begegnet bin = einigen wenigen
(oder manchen) edelmüthigen Männern bin ich begegnet.

---

gelten lassen (هَكَذَا غَرِيبٌ) und تَ bei رُبَّ nur, wenn es durch
ٱلْكَعْبَةِ näher bestimmt ist, wie: تَرَبِّ ٱلْكَعْبَةِ, beim Herrn der Kaʿbah.
Doch ist تَٱلرَّحْمٰنِ zulässig.

In diesen und ähnlichen Fällen lässt sich رُبَّ auch durch **manchmal** oder **manches Mal** übersezen. An رُبَّ kann jedoch auch das Pronomen suffixum der III. Person Sing. masc. treten als ضَمِيرُ الشَّأْن (Pronomen der Thatsache), daher ohne Rücksicht auf das Geschlecht des folgenden Nomens, das als تَمْيِيز im Dual oder Plural stehen kann. Tritt مَا zu رُبَّ (= رُبَّمَا), so hört die Rection von رُبَّ auf und es kann ein Verbum mit demselben verbunden werden; dieses مَا heisst: مَا الكَافَّة, das (die Rection) verhindernde mā.

Nach وَ (auch فَ und بَلْ) wird رُبَّ oft ausgelassen, während die Rection desselben bleibt; man heisst in diesem Fall das وَ das وَاوُ رُبَّ, da es für sich als Conjunction nichts regieren kann.

Index

der

grammatischen Kunstausdrücke.*)

———

———

*) Die Worte sind alphabetisch, aber nach der Etymologie geordnet; das abgeleitete Wort ist also unter seiner Wurzel zu suchen. Der Artikel ist dabei nicht besonders in Betracht gezogen. Die Zahlen beziehen sich auf die Paragraphen.

17. 14. 9. 3. أَلِفٌ	11. 10. 8. بِنَآءٌ
2. اَلْأَلِفُ وَٱللَّامُ	8. مَبْنِىٌّ
35. أَمْرٌ	70. 55. 2. مُبْهَمٌ
51. إِنَّ وَأَخَوَاتُهَا	59. بَيَانٌ
42. إِنَاثٌ	67. بَيَانُ ٱلْعَدَدِ
42. تَأْنِيثٌ	67. بَيَانُ ٱلنَّوْعِ
10. مُؤَنَّثٌ	39. تَابِعٌ
3. بَآءٌ	82. تَبَعِيَّةٌ
47. 46. 40. 39. مُبْتَدَأٌ	53. تَوَابِعُ
63. 62. 39. بَدَلٌ	58. إِتْبَاعٌ
63. بَدَلُ ٱلْاِشْتِمَالِ	76. 53. مَتْبُوعٌ
63. بَدَلُ ٱلْبَعْضِ مِنَ ٱلْكُلِّ	25. تَنْوِينٌ
63. بَدَلُ ٱلشَّىْءِ مِنَ ٱلشَّىْءِ	25. تَنْوِينُ ٱلتَّمْكِينِ
63. بَدَلُ ٱلْغَلَطِ	3. تَآءٌ
63. بَدَلُ ٱلْكُلِّ مِنَ ٱلْكُلِّ	4. تَآءُ ٱلتَّأْنِيثِ ٱلسَّاكِنَةُ
62. اَلْمُبْدَلُ مِنْهُ	76. 75. اِسْتِثْنَآءٌ
35. 16. بَارِزٌ	76. اِسْتِثْنَآءٌ مُفَرَّغٌ

حَرْفُ مَعْنًى 2.	خَبَرٌ 46. 39.
حُرُوفُ تَنْفِيسٍ 4.	خَبَرُ إِنَّ 51. 48. 39.
حُرُوفُ ٱلْجَرِّ 82.	مُخَاطَبٌ 41. 15.
حُرُوفُ ٱلْخَفْضِ 82. 3.	خَفْضٌ 26. 23. 7. 3.
حُرُوفُ ٱلْإِضَافَةِ 82.	مَخْفُوضٌ 82.
حُرُوفُ ٱلِٱسْتِثْنَآءِ 76.	مَخْفُوضَاتٌ 82.
حُرُوفُ ٱلْعَطْفِ 59.	اِسْتِدْرَاكٌ 51.
حُرُوفُ ٱلْعِلَّةِ 29.	مُذَكَّرٌ 13.
حُرُوفُ ٱلْقَسَمِ 82. 3.	رَفْعٌ 14. 13. 10. 9. 3.
حُرُوفُ ٱلْهِجَآءِ 2.	مَرْفُوعٌ 35.
أَحْرُفُ ٱلْمُضَارَعَةِ 35. (Anm.)	مَرْفُوعَاتٌ 39.
حَرَكَةٌ 32.	زَائِدَةٌ 35.
مُتَحَرِّكٌ 35.	زَوَائِدُ 35.
حُكْمٌ 75.	مَزِيدَةٌ 20.
حَالٌ 71. 64.	مُسْتَتِرٌ 16. 35.
حَالٌ مِنَ ٱلْفَاعِلِ 71.	سَاكِنٌ 4.
حَالٌ مِنَ ٱلْمَفْعُولِ 71.	سُكُونٌ 29. 28. 8.

أَفْعَالٌ نَاقِصَةٌ ‎ .50	فَتْحَةٌ ‎ .27 .23 .17
مَفْعُولٌ ‎ .39 .43 .52	مَفْتُوحٌ ‎ .35
اَلْمَفْعُولُ ٱلْأَوَّلُ ‎ 52	فَرْدٌ ‎ .57
الْمَفْعُولُ بِهِ ‎ .64 .65 .66	مُفْرَدٌ ‎ .48 .18 .11 .10
المفعولُ الثَّانى ‎ .52	اَلْمُفْرَدُ ٱلْعَلَمُ ‎ .78
المفعولُ فِيهِ ‎ .69	غَيْرُ مُفْرَدٍ ‎ .48
المفعولُ ٱلْمُطْلَقُ ‎ .67	تَفْرِيغٌ ‎ .76
المفعولُ مَعَهُ ‎ .64 .81	مُفَرَّغٌ ‎ .76
المفعولُ مِنْ أَجْلِهِ (لِأَجْلِهِ, لَهُ) ‎ .80	فَاعِلٌ ‎ .40
مُنْفَصِلٌ ‎ .66	فِعْلٌ ‎ .4 .2
تَقْدِيرٌ ‎ .6	فِعْلُ ٱلشَّرْطِ ‎ .37
مُتَقَدِّمٌ ‎ .36	فِعْلُ مُضَارِعٌ ‎ .18 .15 .10
تَقْلِيلٌ ‎ 82	فِعْلُ مُضَارِعٌ مُعْتَلٌّ ‎ .33
كَافٌ ‎ .3	أَفْعَالُ ٱلتَّحْوِيلِ ‎ .52
كَسْرَةٌ ‎ 23 17	أَفْعَالُ ٱلْحَسِّ ‎ .52
تَكْسِيرٌ ‎ .18 .11 .10	أَفْعَالُ ٱلشَّكِّ وَٱلْيَقِينِ ‎ .52
مُكَسَّرٌ ‎ .11	أَفْعَالُ ٱلْقَلْبِ ‎ .52

2. 1. كَلَامٌ	50. مَا مَصْدَرِيَّةٌ ظَرْفِيَّةٌ
41. مُتَكَلِّمٌ	44. 25. مَاضٍ
16. مُسْتَكِنٌّ	77. مَبْطُولٌ
50. كَانَ وَأَخَوَاتُهَا	25. مُتَمَكِّنٌ
50. كَانَ التَّامَّةُ	25. مُتَمَكِّنٌ أَمْكَنُ
50. كَانَ النَّاقِصَةُ	25. مُتَمَكِّنٌ غَيْرُ أَمْكَنَ
77. لَا النَّافِيَةُ لِلْجِنْسِ	25. 24. مَمْنُوعٌ
77. إِلْغَآءٌ	47. 73. 64. تَمْيِيزٌ
1. لَفْظٌ	78 نِدَآءٌ
68. 60. لَفْظِيٌّ	78 64. مُنَادَى
11. 3. لَامٌ	46. مَنْسُوبٌ
37. لَامُ الْأَمْرِ وَالدُّعَآءِ	46. الْمَنْسُوبُ إِلَيْهِ
36. لَامُ الْجُحُودِ	50. نَاسِحٌ
36. لَامُ كَىْ	59. نَسَقٌ
76. مَا زَائِدَةٌ	79. مَنْسُوقٌ
82. مَا الْكَافَّةُ	36. 35. 18. نَاصِبٌ. نَوَاصِبُ
76. مَا مَصْدَرِيَّةٌ	19. 18. 17. 6. نَصْبٌ

16. 35. 66. مُتَّصِل	64. 65 مَنْصُوب
36. (Anm. 1.) مَوْصُول حَرْفِي	39. 54. نَعْت
1. 11. وَضْع	54. مَنْعُوت
39. 51. 60. تَوْكِيد	76. مَنْفِيّ
60. مُوَكِّد	54. 57. نَكِرَة
60 مُوَكَّد	51. تَنْكِير
9. وَاو	9. 15. 17. نُون
82. وَاو رُبّ	42. نُون مُشَدَّدَة
36. 81. وَاو الْجَمْع	3. تَنْوِين
36. وَاو الصَّرْف	37. نَهْى
81. وَاو الْمُصَاحَبَة	76. مُوجَب
36. 81. وَاو الْمَعِيَّة	76. غَيْر مُوجَب
17. 23. يَآء	17. وَصْف فَضْلَة

CPSIA information can be obtained
at www.ICGtesting.com
Printed in the USA
BVHW031435280521
608376BV00001B/24